江西省高校人文社会科学重点研究基地项目（JD18097）

经济管理学术文库·经济类

中国汽车零部件行业的
绩效变化和溢出效应
——基于产业链视角的实证分析

Performance Change and Spillover Effect of Chinese
Automobile Component Sector:
Empirical Analysis from the Perspective of Industry Chain

谭诗羽／著

经济管理出版社
ECONOMY & MANAGEMENT PUBLISHING HOUSE

图书在版编目（CIP）数据

中国汽车零部件行业的绩效变化和溢出效益：基于产业链视角的实证分析/谭诗羽著.
—北京：经济管理出版社，2020.1
ISBN 978 - 7 - 5096 - 7053 - 8

Ⅰ.①中⋯　Ⅱ.①谭⋯　Ⅲ.①汽车—零部件—汽车企业—企业绩效—研究—中国
Ⅳ.①F426.471

中国版本图书馆 CIP 数据核字（2020）第 024285 号

组稿编辑：张巧梅
责任编辑：张巧梅
责任印制：黄章平
责任校对：董杉珊

出版发行：经济管理出版社
　　　　　（北京市海淀区北蜂窝 8 号中雅大厦 A 座 11 层　100038）
网　　址：www.E - mp.com.cn
电　　话：（010）51915602
印　　刷：三河市延风印装有限公司
经　　销：新华书店
开　　本：720mm×1000mm/16
印　　张：10.75
字　　数：164 千字
版　　次：2020 年 4 月第 1 版　　2020 年 4 月第 1 次印刷
书　　号：ISBN 978 - 7 - 5096 - 7053 - 8
定　　价：78.00 元

前　　言

改革开放以来，我国的基础制造业已经取得了长足的进步，然而在进一步转型升级的道路上却遇到了重重障碍。障碍之一就是，上游核心零部件环节的技术缺失。在手机、汽车制造、机器人制造等行业中，上游芯片或关键零部件仍然是本土企业的短板。在国际贸易形势日益不确定的环境下，这种核心技术的缺失对我国制造业产业链安全的威胁已经受到广泛关注。本书想强调的是，考虑到产业链的溢出效应，上游环节的技术情况同样会对下游产业的绩效以及产业组织形式产生影响。以中国汽车零部件行业为例，本书从这一行业的发展概况出发，结合企业层面的微观数据，分析中国汽车零部件行业的绩效变化及其对整个产业链的纵向溢出效应。希望通过这种产业链层面的微观实证分析，说明上游行业的发展不仅关乎整个产业链安全，更对整个下游行业的市场绩效以及竞争格局产生重要影响，再次引起业界和政府对发展上游核心技术环节的重视。

我国汽车工业的发展历程可以看成是改革开放以来工业向发达国家赶超的一个缩影。从 20 世纪 80 年代末小轿车生产能力极其有限，到 2009 年成长为汽车生产和消费的第一大国，我国汽车工业仅用了 20 年就完成了跨越式的发展。在这一过程中，零部件和整车理应同步发展，但事实上，汽车工业已经呈现出明显的整车强而零部件弱的发展态势。从发展模式追溯，零部件企业多是计划经济时代为整车配套的产物，决定了他们中的绝大多数难以成长为能够独当一面的大企业；在政策扶植方面，零部件企业获得的关注和支持也远远比不上整车行业。这使得我国的零部件行业在自主发展能力、规模等方面都已经落后于整车。与 2016 年相比，本土自主品牌生产的汽车市场份额已经达到了40%。而变速箱、电子控制系统等关键汽车零部件，外资仍然独占鳌头。规模上，整车行业围绕着一汽等六大国有集团抱团发展的格局已经初步呈现，而零部件行业仍然呈现企业数量众多而规模小的态势。

在这种"整强零落"不对称的产业链结构下，零部件产业如何对整车产业产生溢出作用还有待于进一步考察。本书对我国汽车零部件工业的发展历程进行回顾，实证分析了中国汽车零部件行业绩效的变化，探究了背后的原因，并在此基础上分析了零部件行业技术进步对下游整车行业的影响。其中重点关注了对企业绩效和市场竞争结构的溢出效应。希望通过微观层面的实证分析，引起业界和政府对汽车上游零部件行业发展的重视。更重要的是，从上游行业突破，为包括汽车行业在内的制造业转型升级提供一定的指导。

全书的结构安排如下：

第一章是导论部分，说明选题背景和研究意义，给出了研究框架，介绍了研究视角和研究方法，指出了研究的不足之处，并对全书的结构安排和主要结论进行了介绍。

第二章是文献综述，从企业绩效、产业纵向关系与企业绩效和市场势力之间的关系、中国汽车行业发展模式争论、汽车行业产业政策争论等领域对相关文献进行梳理，并对其进行评述，指出本书研究的边际贡献。

第三章是对中国汽车零部件行业的背景进行介绍，指出了中国汽车工业"整强零弱"的现状，并对背后的原因进行分析。同时对整车和零部件行业的规模变化进行了介绍。

我们对核心问题的讨论开始于第四章。第四、第五章关注了零部件行业本身的绩效变化和效率变化的原因。第四章聚焦了 1998~2007 年开放竞争大环境下，中国汽车零部件行业大规模进入退出背后的总体绩效变化。我们利用 Ackerberg 等（2015）的半参数方法与 De Locker 和 Warzynski（2012）的生产函数法，从全要素生产率和利润率的双重视角对汽车零部件企业的生产效率和利润率进行了测算，发现 10 年间行业的平均全要素生产率和利润率都有了明显的进步。在此基础上，我们按照市场份额加权计算了行业的总量全要素生产率和利润率，并对其进行分解，找出行业进入退出和总量绩效变化之间的关系。我们发现大规模的进入退出带来了市场资源配置的无效性：低进入门槛导致了低生产效率企业的无效进入，在位企业之中生产效率和市场份额的不匹配也将大量存在，致使市场份额加权的总量生产率下降。不过利润率和市场份额之间较为一致的匹配说明市场的优胜劣汰机制仍然发挥了一定的作用。利用企业利润率对全要素生产率、企业特征、行业特征、产业政策等解释变量回归的结果显示，国有企业和外资企业的利润优势无法完全从生产效率解释，其中外资企业的利润优势部分来源于国家对外资倾斜的招商引资政策。

　　第五章我们从零部件行业的平均绩效转向企业的个体绩效，找出企业个体生产率进步的原因。在对外逐渐开放的大环境下，汽车零部件行业的迅速成长实际伴随着 FDI 在这一行业的全面进入：我们实证分析了 1998～2007 年来自下游整车行业和同类竞争对手的外资技术溢出对零部件企业生产率进步的影响。结果显示纵向技术溢出是汽车零部件企业技术进步的主要途径，而这一过程离不开汽车工业国产化政策。在这一政策下进入中国的跨国汽车生产厂商在对引进车型的国产化过程中，需要对零部件进行本地采购，一个健全的零部件工业体系的建立就得益于此。利用 2005 年国产化政策重新实施这一重要事件，我们实证分析了国产化政策对零部件企业生产率的影响以及背后的影响机制。我们发现，国产化政策不仅促进了整车厂商向零部件厂商的纵向技术溢出，还通过保证市场规模给企业提供了干中学的机会，也提高了其技术投资预期回报率的技术进步。不过国产化政策的负面效应同时存在，2005 年国产化政策使得短期内的市场垄断程度上升，企业的改进生产效率使降低成本的动力下降。

　　第四、第五章的结论说明对内和对外开放竞争促进了汽车零部件行业的技术进步。第六、第七章开始，我们转向研究整个产业链，力图回答这样一个问题：上游零件制造业的技术进步会对下游整车行业产生怎样的溢出效应？第六章聚焦了备受重视的中国汽车行业的自主发展问题，研究了上游核心技术掌握与自主品牌企业市场绩效之间的关系。伴随着中国汽车零部件行业的技术进步，中国汽车行业对发动机等关键零部件技术的掌握也取得了长足的进步，特别是对于缺少外资技术支持的自主品牌企业，通过多年的自主研发，他们对发动机这一关键零部件一体化供给程度也逐年上升。通过对产品层面的关键零部件供给情况和短期长期市场绩效之间的关系进行实证分析，我们发现，关键零部件一体化供给程度是影响自主品牌产品短期和长期绩效的主要因素：关键零部件一体化程度的上升能提升自主品牌产品的短期市场绩效，并且这一积极作用能在长期进一步放大，这一影响在缺少资金和资源优势的民营企业中尤其显著。这一事实告诉我们，我国制造业自主能力的发展离不开上游基础零部件行业的技术进步，特别是核心技术的进步。

第七章我们由整车厂商的绩效转向整个乘用车行业的市场竞争结构。一个不容乐观的事实引起了我们的注意：虽然缺少外资技术支持的自主品牌被倒逼在上游核心技术掌握方面取得了长足的进步，但我国乘用车市场中占主导地位的合资企业在"合资模式"下，关键零部件的核心技术却一直被跨国公司控制。这一章我们实证分析了这种核心技术控制对整个乘用车市场竞争结构的影响。通过共同代理人理论模型，指出跨国公司对上游核心技术的控制并且借此进行利润转移容易促成由同一家外方母公司供给关键零部件的整车厂商之间的价格共谋。在利用随机系数离散选择模型（Berry 等，1995）对中国汽车市场的需求和供给进行估计的基础上，对中国乘用车市场几种可能的市场竞争结构进行了实证检验。结果发现，中国乘用车市场围绕着控制核心技术的外方母公司的价格共谋，参与共谋的企业获得了更高的利润，而利润中的绝大多数被外方母公司获得，消费者却不得不为此支付更高的价格。这一事实说明，上游零部件行业的技术进步与下游乘用车市场的竞争结构同样息息相关，掌握上游关键零部件技术的技术进步不仅可以帮助本土企业集团获得更高的利润，更有助于提高本土消费者的福利。

第八章是结论和展望。首先对全书的内容进行了总结，指出了其对包括汽车行业在内的制造业转型升级的启示。作为对未来的展望，我们也对包括汽车零部件行业在内的上游行业发展和今后政府产业政策的制定提出了建议。

目　　录

第一章　选题背景和研究方法

一、选题背景与问题的提出

20多年来，中国汽车工业获得了跨越式发展。不过世界第一汽车生产和销售大国的光环背后，诸多问题却依然存在：为什么自主品牌持续多年的发展仍然暴露出自主创新能力不足？为什么中国车市的黄金十年背后却是外资零部件企业依靠垄断攫取了大部分利润？这些问题的根源都指向我国汽车工业关键零部件技术的缺失。由此看来，要找到中国汽车行业当前面临的一系列问题的解决方法，我们必须对问题的症结所在——上游汽车零部件行业进行审视。

从美、日、德等汽车强国的汽车工业发展经验来看，强大的汽车工业背后必然有一个强大的零部件汽车制造工业。我国零部件产业的发展却多年滞后于整车，已经成为我国成长为汽车工业强国的制约因素。虽然零部件企业数量众多，依托于几大产业集群，零部件工业体系已经较为完整。然而企业的平均生产规模仍然和世界主要零部件生产厂商有较大的差距，较有影响力的大型零部件生产厂商也尚未出现。以2012年为例，我国零部件企业销售额前十名企业销售额总和尚不及世界最大的零部件巨头德国博世公司销售额的2/3。另外在对技术要求较高的变速箱、电装领域，本土市场仍然被外国零部件供应商垄断。

零部件工业的发展滞后暴露出长久以来我国汽车工业的"重整车轻零部件"现象。从政府的产业政策来看，除了利用进入准入、投资规模等产业组织政策规范整车制造业的发展，政府还利用股比限制、自主产品采购政策鼓励整车行业的自主发展；相比之下，专门针对汽车零部件制造业的政策却寥寥无几。直到2012年，"关键部件的制造和研发"才取代了"整车制造"出现在国家发改委、商务部公布的《外商投资产业指导目录（2011年修订）》中。从学界的关注程度来看，零部件产业受到的重视同样远没有整车产业多。虽然政府产业政策之手几乎伸向了整车制造业的进入准入、产业组织政策，自主发展等方方面面，对零部件行业却涉及较少。而已有文献对中国汽车行业的讨论几乎涉及了行业的自主发展（白让让和谭诗羽，2016）、市场竞争（Hu 等，2014）、产能投资（白让让，2016）等方方面面，对汽车零部件制造业的讨论却较为缺乏。而作为整个汽车产业链的关键环节，汽车零部件制造业与整个汽车行业的发展息息相关。

本书用实证的方法回顾了中国汽车零部件行业的绩效变化情况，并进一步分析了这种绩效变化对下游整车行业可能的溢出效应。研究（Syverson，2007；Jabbour 和 Mucchielli，2007）表明，开放竞争和贸易自由化都是影响企业绩效的重要因素，我们分别分析了在中国经济对内对外开放的大环境下，对内开放竞争和行业绩效变化之间的关系以及 FDI 技术溢出和企业微观绩效变化之间的关系。产业组织的理论和实证研究都表明产业链的纵向关系会对下游企业的绩效或竞争行为产生影响（Tirole，1988；Jin 和 Leslie，2005；Hastings 和 Gilbert，2005）。由于零部件行业的绩效变化往往会影响产业链的纵向关系，事实上，零部件行业的技术进步直接导致了整车企业对关键零部件技术的掌握增强，并由此对下游整车行业产生了溢出效应。具体地，我们分别考察了汽车零部件行业技术进步对下游整车企业绩效和整车行业竞争结构的溢出效应。

总的来说，我们发现对内开放和竞争是中国汽车零部件行业绩效变化的主要原因，而这种上游的绩效变化对下游整车企业的绩效和下游整车行业的竞争结构都存在溢出效应。下面我们首先对全书的研究框架进行说明。

二、研究框架

本书的研究基于图 1－1 的研究框架，首先我们对中国零部件行业的背景进行介绍，引出中国汽车工业"整强零弱"的产业链不对称的发展现状。接着从行业的绩效变化对中国汽车零部件行业的发展情况进行考察，行业绩效的度量分别从行业总体和企业微观两个层面展开，结合我国经济全面对内开放竞争和对外开放的背景，我们分别分析了开放竞争与行业总体绩效变化之间的关系和 FDI 技术溢出与企业微观绩效变化之间的关系。总的来说，对内和对外的开放竞争促进了我国汽车零部件行业的技术进步。置身于整个汽车行业产业链，这种技术进步影响了整个产业链的纵向关系，特别是整车企业对上游关键零部件技术的掌握情况，并进一步对下游整车行业产生了溢出效应。我们分别分析了对下游整车企业绩效和下游整车行业竞争结构的溢出效应。其中零部件行业技术进步对整车企业绩效溢出效应的分析基于这一事实：自主品牌企业逐渐掌握了发动机等关键零部件的技术。我们分析了关键零部件技术控制与自主品牌市场绩效之间的关系。而从零部件行业技术进步对下游整车行业竞争结构的溢出效应中观察到，合资品牌企业中关键零部件技术仍然被外资所控制，我们的理论模型指出这种关键技术控制可能会促成市场中围绕着外方的共谋，这种共谋也被我们的实证结果所证实。最后，我们对产业链上游向下游的溢出效应进行了总结，也对我国上游零部件行业的发展和产业链的转型升级进行展望。

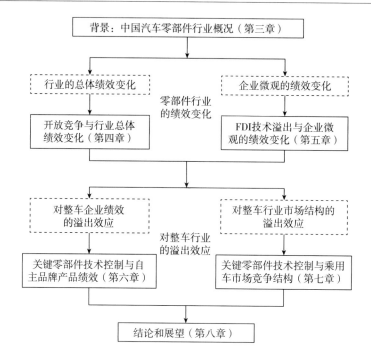

图 1 - 1　全书的研究框架

三、研究视角、对象和研究方法

　　本书的研究是纯实证的，与当前实证产业组织的主流趋势一样，我们的研究聚焦于汽车产业这一特定行业。这种聚焦使得我们能从这一行业本身生产、需求特点出发，并结合这一产业发展的政策环境对我们的问题进行深入的探讨。虽然本书希望对中国汽车零部件行业的发展历程有个详尽的了解，也试图尽可能多角度地对零部件行业的技术进步以及对汽车行业产生了怎样的溢出效应进行回答，但由于经验研究方法本身的限制，我们无法涉及中国汽车零部件行业发展过程中的全部，也不可能穷尽零部件行业对下游整车行业溢出效应的所有可能方面。本书最终选取了几个关键视角进行切入：第一，我们重点关注了零部件行业和企业的绩效变化，并从全要素生产率和利润率双重视角对绩效进行度量。其中全要素生产率可以反映企业的物质生产能力；而利润率除了能反映企业的物质生产能力，还受企业的市场势力影响反映市场的需求状况（De Locker 和 Goldberg，2014）。第二，关于零部件行业技术进步对整车行业的溢出效应，我们分别关注了其对整车企业绩效的溢出效应和行业市场竞争结构的溢出效应。其中企业个体关注了备受瞩目的自主品牌企业，分析了关键零部件技术掌握与其市场绩效之间的关系，而自主品牌的市场绩效一直是我国乘用车行业自主发展能力的重要标志；关于乘用车市场竞争结构的分析，我们回答了在合资品牌中，外方的市场主导作用是否存在这一重要问题。探索了合资企业之间在上游技术纽带下价格共谋的可能性。总的来说，在下文的四个章节中，我们的讨论既包括了企业的微观层面，又涉及了产业的中观层面，并对中国汽车行业中包括自主品牌发展、外资垄断势力在内的热点问题给予了关注。

　　作为一篇实证产业组织研究，本书涉及了实证产业组织的多个热点问题，包括生产函数的估计、生产率的测算、利润率的测算、市场需求的估计和市场结构的检验。考虑到计量方法的选择直接关系到本书的规范性和科学性，我们尽可能地采取了实证产业组织中解决这些问题较为主流和前沿的方法。生产函数和生产率的测算我们采用了 OP 法（Olley 和 Pakes，1998）和 ACF 法（Ackerberg 等，2015）两种具有代表性的半参数估计方法，这两种方法通过利用投资或中间品投入作为无法观察到的企业生产率的代理变量，解决了传统 OLS 下要素投入内生性导致的估计偏差问题；利润率的测算我们采用了产业组织中前沿的生产函数法（De Locker 和 Warzynski，2012），这一方法使在对零部件这一中间产品的需求数据难以获得的情况下，仅利用企业层面的生产数据就能实现对企业利润的估计；市场需求的估计我们采用了新实证产业组织中被广泛运用于对差异化产品进行需求估计的随机系数离散选择模型（Berry 等，1995）；对市场结构的检验我们采用了应用计量经济学中较为前沿的非嵌套检验方法。Rivers 和 Vuong（2002），这一方法克服了之前的 Cox 检验（Smith，1992）、综合检验方法（Comprehensive Approach）（Atkinson，1970）几种非嵌套模型检验方法中对检验结果难以解释的缺点，近年来越来越多地被用于产业组织对市场结构的检验中（Bonnet 和 Dubois，2010；Hu 等，2014）。

另外，作为一篇实证研究，我们的研究依赖于可靠的数据。对零部件企业绩效和生产率的分析的主要数据来源于 1998～2007 年工业企业数据库中的汽车零部件制造企业样本。样本包括了期间所有规模以上零部件制造企业，样本的时间跨度既是中国经济对内开放竞争对外全面开放的经济转型重要时期，也是中国汽车工业发展和中国零部件体系形成的关键时期。这一时期国际主要汽车集团纷纷进入我国，主要合资和自主品牌整车生产厂商相继建立，需求的扩张带动了上游零部件行业的发展。期间对外开放环境的变化更是引发了汽车工业国产化政策变化这一重要事件，为我们分析国产化政策对中国汽车零部件技术进步的影响提供了可能；为了分析零部件核心技术控制对自主品牌绩效的影响，我们搜集了 18 家主要自主品牌企业 1986～2013 年推出的 179 款基本型乘用车车型的相关数据，样本涵盖了这一时期市场中 90% 以上的基本型乘用车，使得我们的分析颇具代表性；在零部件核心技术控制和整车行业市场结构关系的分析中，我们搜集了 2004 年 1 月至 2009 年 12 月中国乘用车市场国产车型的月度销售数据、特征数据和价格数据，使得我们能较为准确地、迅速地对中国乘用车消费市场增长、市场需求进行估计，并在此基础上对市场的竞争结构进行检验。

四、研究的不足

在研究范围方面，本书旨在为我国当前制造业的产业链升级提供实际的指导，研究内容主要聚焦于上游零部件行业对下游整车行业的溢出效应。也就是说本书主要对上游零部件对整个产业链升级的重要性进行论证。究竟如何促进上游零部件行业的发展，以及如何从产业政策层面助力制造业的转型升级，我们只在结论和展望部分提出了一些建议。

在数据的时效性方面，本书对零部件企业绩效的分析数据基于工业企业数据库，样本区间只囊括了 1998～2007 年，在时效性方面具有一定的滞后性。一方面是由于数据关键指标可得性的限制，另一方面也是由于这一时期正是对中国零部件行业影响最为关键的时期。加入 WTO 之后，本土零部件企业突然面临着来自跨国公司的竞争，又失去了国产化政策的保护。研究这一时期零部件行业的绩效变化具有重要的启示性。在未来我们也将从其他渠道获得更具时效性的样本并对这一部分的研究内容进行补充。

第二章　文献综述

本章将对后文与产业经济学相关理论和现有研究进行综述，将主要围绕企业的绩效，纵向关系、企业绩效和市场势力之间的关系，以及汽车行业的专门研究这三方面进行展开，在此基础上我们对这些文献进行评述。

一、企业的绩效

1. 企业绩效的度量与测算

经济学对企业绩效的度量从来没有统一的标准：从会计中的各项财务指标到衡量企业定价能力的市场势力，用于度量企业投入产出效率的投入产出比等，这些方式从不同角度对企业的绩效进行了衡量。De Locker 和 Goldberg（2014）从企业的投入产出函数出发，指出企业的绩效应当能反映企业的产出中无法被其投入解释的部分，即用企业的产出对投入回归，得到的残差项即为企业的绩效。当投入产出为物质单位时，这一残差项实际上就是企业的全要素生产率（TFP）；当投入产出为货币单位时，残差项即为企业的利润。由此看来，全要素生产率和利润率是较能全面反映企业绩效的两个度量指标。两者的差异在于：前者反映企业的物质生产效率，由企业的生产函数决定；而后者除了反映企业的物质生产效率，还取决于企业的定价能力，即同时受企业的生产函数、消费者的需求函数以及市场竞争结构影响。

因此，企业全要素生产率和利润的测算也是大量对企业绩效研究的基础。对企业全要素生产率的测算基于对生产函数的估计，估计方程的残差项即为全要素生产率。传统的 OLS 估计下，由于要素投入和无法观察到的残差是相关的，导致生产函数系数有偏（Marschak 和 Andrews，1944）。早期的工具变量法和固定效应估计（Mundlak，1961）方法均未能很好地解决这一问题。直到动态面板方法（Blundell 和 Bond，2000）和半参数估计方法（Olley 和 Pakes，1996；Levinsohn 和 Petrin，2003；Ackerberg 等，2015）的出现，生产函数估计的内生性问题才得到了较好的解决。特别是后者的半参数估计方法通过假设企业对投资或中间品投入的决策取决于生产率水平，利用投资或中间品投入对生产率进行代理，解决了要素投入的内生性问题，且已经被大量用于对企业生产率的研究中（李晓萍等，2015；Lu 和 Yu，2015）。

产业组织领域对企业利润的测算主要基于对需求的估计（Nevo，2001），在市场竞争结构的假定下，企业的利润直接取决于消费者的需求弹性。但是在广泛存在的差异化产品市场，对市场需求的估计依赖于产品层面特征和价格数据的获得。而对大多数工业制造行业，产品层面数据难以获得为企业层面利润的估算制造了困难。而 De Loecker 和 Warzynski（2012）沿用 Hall（1986）的方法，利用厂商调整可变要素投入最小化总成本的条件，指出厂商的利润完全取决于可变要素投入与产出的比例，以及要素投入的产出弹性。即企业利润率的计算通过对生产函数的估计同样可以实现，并且在这一方法下无须对企业之间竞争行为进行假设。由于企业微观数据的可获得性，生产法对企业层面利润率的估计越来越受到重视（任曙明和张静，2015；Lu 和 Yu，2015）。

2. 企业全要素生产率的影响因素

作为企业绩效的重要衡量标准，全要素生产率由哪些因素决定呢？从企业内部来看，管理水平（Bloom 和 Van Reenen，2007）、资本和劳动力投入（Fox 和 Smeets，2011），对技术和研发投资（Aw 等，2008；Doraszelski 和 Jaumandreu，2009）都被认为是企业内部影响全要素生产率的重要因素。另外生产过程本身也会带来生产率的提升，即干中学这一经验积累的过程能带来技术进步

（Levitt 等，2011）。企业的生产率也受内部组织结构的影响：例如 Hortacsu 和 Syverson（2007）就发现纵向一体化的企业生产效率明显高于非一体化的企业生产效率。通过影响企业的内部行为，制度和环境同样会间接地对企业的生产率产生影响。例如，产权保护制度（余林徽等，2014）就能激励企业的技术和研发投资，还能促进其生产率的进步。

（1）开放竞争与企业绩效。

随着贸易自由化和经济市场化的加深，开放竞争已经是很多国家不可逆转的趋势。在这一过程中，如果市场是有效的，优胜劣汰的市场机制就会自然地使市场份额从低效率的企业向高效率的企业流动，最终低效率的企业会被驱逐出市场，这种市场选择机制能提升行业的平均或总量效率。这一机制在实证研究中得到了证实：Syverson（2007）发现，在美国即食谷物行业，竞争更激烈的地区市场中生产者的生产率有更高的平均值和最小值，以及更小的方差。Foster 等（2006）发现，在美国零售行业中，随着低效率的单一店铺零售商退出市场并被高效率的大型连锁零售商取代，行业的总量生产率逐步提高。另外这种优胜劣汰的机制也会激励企业的内部投资促进企业个体生产率的提升：Schmitz（2005）发现，随着美国钢铁行业向外国竞争者开放，钢铁生产者的个体全要素生产率显著提升。

不过上述实证研究主要以市场机制完善的发达国家为背景。在我国的经济转轨过程中，大量行业都实现了从市场垄断到开放竞争的转变，这一过程伴随着大规模的企业进入退出，但是由于市场机制尚未完全建立，这种开放竞争是否同样有利于企业和行业绩效的提升充满了争议。李平等认为（2012）随着非国有经济主体的进入，竞争机制推动了市场的优胜劣汰、促进了生产效率的提升；另一种观点则认为，开放竞争导致行业的过度竞争，不利于规模经济发挥，甚至会引发过度投资和产能过剩等一系列问题（夏大慰和罗云辉，2003；林毅夫等，2010）。

（2）技术溢出与全要素生产率。

除了直接的物质贸易，全球一体化下的 FDI 同样会通过技术溢出促进接受国企业生产率的增长（Bomstrom 和 Kokko，1998）。而这种技术溢出既可能发生在同类的竞争对手之间（水平技术溢出）（Konings，2001），也可能发生在上下游企业之间（纵向技术溢出）（Javorcik，2004）。前者可能包括同类企业之间的人员培训、直接学习、本地 R&D 投资带来的技术转移和扩散（傅元海，2010），以及企业之间由于相互竞争过程中自发的生产率改进；后者是指上下游企业产品供应和采购过程中发生技术的传播和扩散，例如为了使产品达到供应标准，下游厂商可能需要对上游厂商人员培训并促使其技术标准的提升。

早期对 FDI 技术溢出的实证研究主要针对水平技术溢出。研究结果似乎与人们的认识相反：FDI 的水平技术溢出主要发生在发达国家（Haskel 等，2002；Yeaple，2003），而在对先进技术更具需求的发展中国家，FDI 的水平技术溢出却不明显。直到 Javorcik（2004）利用投入产出表对 FDI 的纵向技术溢出效应进行检验，这一领域的实证研究才取得了进一步的进展。正如 Javorcik（2004）指出的，由于跨国公司会千方百计地防止技术向本土竞争对手泄露，技术溢出更有可能通过纵向直接联系的方式发生。此后诸多实证研究发现，纵向溢出是 FDI 技术溢出的重要途径（Jabbour 和 Mucchielli，2007；杨红丽和陈钊，2015）。

二、纵向关系、市场结构和绩效

在产业组织中，纵向关系对市场竞争性以及经济效率的影响的讨论主要围绕企业的纵向一体化行为。下面分别就纵向一体化对市场结构以及绩效影响的相关研究展开论述。

1. 纵向一体化和市场结构

一方面，纵向一体化使企业能够通过市场圈定，增加竞争对手成本，提升市场势力（Ordover 等 1990；Hastings 和 Gilber，2005）。尽管这种反竞争效果被一些实证文献证实，例如 Waterman 和 Weiss（1996）发现，在美国的有线电视行业，一体化使得竞争对手提供的节目数量大幅度减少，增加了市场的垄断程度；Hastings 和 Cibert（2005）发现，在美国汽油行业，独立的汽油零售商所支付的汽油批发价格显著高于一体化的汽油零售商。纵向一体化却不一定会带来社会福利的损失。事实上，纵向一体化能够避免上下游企业的双重加价行为，提高了整个产业链的利润水平（Spengler，1950）。Chipty（2001）发现，虽然有线电视行业中一体化降低了市场的竞争性，但其带来的效率提升了社会福利水平。

另一方面，Bernheim 和 Whinston（1985）的共同代理人理论指出了纵向一体化影响市场竞争的另一种可能。如果两家企业享有同一家一体化的上游或下游企业，这家共同的上游或下游企业可以看成两家企业的共同代理人。在上下游企业都是风险中性的时候，均衡两家企业的竞争策略都是选择获取固定利润，而将剩余利润全部转移给共同代理人。这时两家企业之间的竞争外部性被内部化，从而实现共谋的结果。Corts（2001）针对美国电影行业的实证研究则为共同代理人理论提供了实证支持。Corts（2001）发现，具有相同的生产和发行公司的电影更倾向于错开排片日期以减少相互之间的竞争。

2. 纵向一体化和企业绩效

企业纵向组织形式和绩效之间关系的理论基础主要来自交易费用经济学和资源基础观：一体化能够降低企业的交易成本（Williamson，1971），并通过鼓励资产的专用型投资，规避契约不完备性导致的机会主义行为（Klein 等，1978）；同时一体化的企业更有动力进行研发投入（Armour，1980），形成核心能力（Prahalad 和 Hamel，1990；Quinn，1992），这些都有利于企业绩效的提升；但是，一体化也会增加企业的组织成本（李青原和唐建新，2010），同时降低了其灵活性，不利于其获得优质的外部资源（Quinn 等，1990）；而从实证研究来看，一体化与企业绩效之间的关系同样不确定：Rothaermel 等（2006）发现，在计算机行业一体化和企业参与战略外包联盟的数量与新产品的数量和成功呈倒 U 形关系；Kapoor 和 Adner（2012）发现，在动态存储行业，一体化的企业新产品开发速度和绩效都优于非一体化企业，企业从外部资源中获得的优势只有在那些完全非一体化的企业中才表现得非常明显；Novak 和 Stern（2008）发现，在美国汽车行业，一体化与汽车新产品得分之间存在动态关系：虽然一体化不利于汽车新产品的短期成功，但却能提升汽车新产品的长期绩效。另一些实证研究从产品或服务的质量（David 等，2013）、生产效率（Natividad，2014）等不同角度对企业的绩效进行衡量，对一体化和企业绩效之间的关系同样没有达成一致的观点，两者之间的关系取决于外包的业务与企业核心能力的相关性以及企业所处市场环境的不确定性（Lieberman 和 Dhawan，2005；Jiang 等，2007），总的来说，一体化与企业绩效之间的关系不仅受行业所处的环境影响，也取决于对企业绩效的度量方式。

3. 纵向一体化和创新的专门研究

20 世纪后期，企业创新活动纵向边界的改变引发了学界对纵向一体化与创新关系的思考（Teece，2010）。交易费用经济学、能力理论和产业组织理论都对两者之间的关系展开了探讨。总的来说，这些文献认为，一体化既可以通过企业内部效率改进影响创新，也可以通过市场竞争影响创新。

对现代企业中出现的高度纵向一体化的创新活动，传统的解释来自交易费用理论（Williamson，1975）：创新过程中需要涉及一些互补的发明活动，纵向一体化有利于各方的协调（Garcia 等，2007）和激励（Arrow，1974）。Teece（2010）认为，除了交易和治理成本，创新型企业纵向边界的选择更多地需要从动态能力出发。事实上，纵向一体化更有利于企业动态能力和竞争优势的形成（Barney，1991）。Chesbrough（2003）的开放式创新则进一步强调内外部资源对创新的互补作用。交易费用和能力理论都从企业内部效率的改进出发，并对纵向一体化与创新之间的关系进行了解释，这种效率改进或许是通过消除合约的无效性以及通过提升自身能力实现。不论是哪种方式，对整个社会福利的提升总是有利的。

产业组织理论中，纵向一体化作为企业的一种策略性竞争行为（Perry，1989），其对创新的影响是不确定的。Matsushima（2009）指出纵向一体化有利于产品的差异化，从而促进创新。Heavner（2004）却发现纵向一体化会提升企业的垄断势力，降低他们的创新动力。另一些文献指出，一体化与创新之间的关系不仅取决于竞争的形式（Chen 和 Sappington，2010），还取决于创新是发生在上游还是下游企业中（Zanchettin 和 Mukherjee，2017）。

作为策略性竞争的纵向一体化还会影响竞争对手的创新行为。大多数观点认为，纵向一体化对社会的创新会产生负外部性：Heeb（2003）指出一体化对竞争对手的创新具有挤出效应。Allain 等（2011）发现排他性的纵向一体化具有抑制创新的效应，会降低社会福利。这种负外部性的存在也使得市场竞争产生的创新明显区别于企业内部效率改进产生的创新。

经验研究发现，一体化与企业创新之间并不存在简单的正向或负向关系。创新绩效的提升还取决于企业在纵向一体化后是否依然能较好地整合内外部资源：Chesbrough 和 Teece（1996）发现，拥有互补性资产的纵向一化企业有更好的机会和能力使用内部资源进行研发，并将研发的结果付诸实践。这些企业既能够更加有效地进行技术信息共享，引进新的技术手段和新产品，又能够更好地协调投资、研发和生产之间的关系，从而减少技术研发或创新的周期；Novak 和 Stern（2009）指出在汽车企业的创新过程中，纵向一体化与其他外部治理方式之间存在互补的关系，内部与外部治理模式没有孰优孰劣的明确界限；Biesebroeck（2007）针对北美汽车产业的实证研究表明，一体化与产品的多样化、生产的灵活性之间是互补的关系，有利于过程创新；Kapoor 和 Adner（2012）发现在技术迅速变革的动态存储行业，一体化与创新呈倒 U 形的关系。

4. 纵向一体化和中国企业创新

近年来，市场环境的变迁同样影响了中国企业的纵向一体化（卢闯等，2013；Fan 等，2017）。除了迅速变革的制度环境，上游垄断下游竞争这样独特的竞争结构（Li 等，2015）使得有必要对中国企业的纵向一体化进行专门的研究。胡求光等（2015）、綦好东和王瑜（2014）以及王斌和王乐锦（2016）对我国农、林、渔等第一产业上市企业的实证分析表明，一体化明显提升了企业的绩效或盈利能力；以电影行业为背景，万兴和杨晶（2017）发现，影院对互联网平台的纵向一体化有利于其绩效的提升；王宛秋和聂雨薇（2016）发现纵向一体化明显提升了企业的并购绩效。

上述研究大多关注一体化对企业市场绩效或盈利能力的影响，而对纵向一体化与本土企业创新之间关系的研究较为稀缺。李青原和唐建新（2010）、白雪洁和卫婧婧（2017）发现，纵向一体化程度和纵向并购未能显著提升企业的生产效率。邢斐和宋毅（2015）关注了对外开放背景下的 FDI 纵向一体化进入，发现 FDI 的一体化进入虽然会给东道国带来技术转移，却并不利于培养本土企业自生竞争优势。基于本土汽车制造业的经验研究表明，纵向一体化程度与新产品生产的技术效率和新产品价值负相关（白让让和谭诗羽，2016）。张伟和于良春（2018）从理论上分析了纵向一体化对混合所有制企业创新绩效的影响，发现完全一体化能够提高混合所有制企业的研发支出。总的来说，纵向一体化对本土企业创新影响的中国经验有待于进一步丰富。

三、关于汽车行业的专门研究

汽车行业一直是我国产业经济学关注的焦点。对这一行业的讨论围绕着合资和自主模式下，行业的自主发展（白让让和谭诗羽，2016）、市场竞争（Hu 等，2014）、市场势力（张小蒂和贾钰哲，2011）等问题展开了讨论，另一些研究则对政府在这一行业的频繁政策干预给予了关注（刘世锦，2008）。

1. 合资模式争论

通过市场换技术是我国乘用车合资模式的初衷，一些文献关注了合资模式对本土乘用车行业技术形成的影响。赵增耀和王喜（2007）指出，在合资的过程中外资对本土的民营企业发生了一定的技术溢出，初期这种技术溢出主要发生于民营企业的模仿复制和反向工程中，另外外资也对我国完整的零部件体系的形成和汽车专业人才的培养做出了贡献；不过技术溢出同样依赖于民营企业自身的学习能力。刘世锦（2008）指出，合资模式引进的设备、技术工业流程和对员工的培训都为汽车工业的发展打下了基础，另外合资模式的贡献还体现在帮助我国零部件配套能力的形成和对汽车消费市场的培育。另一些学者则认为合资模式对行业的自主发展是不利的：白让让（2009）指出，在合资模式下，本土企业集团过度依赖于合资企业的利润，由此自主研发的积极性降低；江诗松（2011）和江诗松等（2011）同样发现，享有合资特权的国有企业由于依赖跨国公司而发展，限制了其学习的开放程度，创新发展能力反而受到限制，进而又加剧了对跨国公司的依赖性。另外，在跨国公司的产品线扩张过程中，尚处于成长初期的本土自主品牌的生存空间受到挤压，同样不利于行业的自主发展（施中华和白让让，2007）。

在合资模式下，我国乘用车市场形成了围绕着几大国有集团和几大外国跨国公司的企业阵营。这种独特的竞争主体使得中国乘用车市场的竞争结构同样备受关注。已有文献对企业之间的中资纽带和外资纽带的可能的价格共谋行为进行了检验。由于样本的时间、实证检验的方法方面的差异，相关的结论并不一致。王皓和周黎安（2007）基于 Bresnahan（1987）纵向差异化需求模型对 2002~2004 年中国乘用车市场的竞争结果检验发现，2004 年中国乘用车出现的内资集团价格共谋使得中国乘用车的市场竞争结构由"内资价格共谋"转变为"外资价格共谋"。中国乘用车市场存在"外资为纽带的价格共谋"；Hu 等（2014）基于 Berry 等（1995）离散选择需求模型对 2004~2009 年中国乘用车市场竞争结构的检验认为，"资本为纽带的价格共谋"（包括外资和内资为纽带的共谋，下同）并不存在，中国乘用车企业呈现出"伯川德竞争"关系。王皓（2013）则进一步指出，合资企业之间的价格共谋是跨国公司市场势力的主要来源。

另一些研究关注了合资模式下外资对产业链纵向控制。大多数文献认为，外资对上游核心技术的控制同样会影响我国乘用车市场的市场价格和市场势力：李晓钟和张小蒂（2011）认为，汽车的核心技术被国外汽车制造商垄断是国内乘用车高价格的主要原因，外方母公司通过关键零部件进行利润转移，导致最终产品价格过高；张小蒂和贾钰哲（2011）发现跨国公司能通过对中间品市场的控制获得市场势力；白让让（2009）发现跨国公司对上游企业的控制蚕食了整车行业的利润，降低了本土企业集团自主研发的积极性，因为它可以从合资企业利润的增加中得到补偿。

2. 自主模式

与合资模式的备受争议相比，自主品牌在创新方面的努力受到肯定。江诗松（2011）指出，正是由于民营企业缺少跨国公司的技术支持，这种后发劣势反而促使其更加开放地从外部学习，提升了其创新能力。田志龙等（2010）指出，一些自主品牌的成功不仅依赖于特定细分市场切入的进入方式以及低成本高性价比的竞争定位模式，更源于其灵活地通过整合内外部资源进行创新。谢伟（2006）指出，自主品牌企业的"无中生有"创新模式选择和"整车和关键子系统的集成及匹配"的创新能力方面明显优于合资企业。

3. 汽车行业产业政策

作为政府产业政策干涉较多的领域，对汽车行业产业政策的评估一直是学界的焦点。张大蒙和李美桂（2010）指出，我国汽车产业存在政策信息传播和规劝政策工具过多、政府管制过度、私人市场方面的政策工具相对不足，以及研发不足等问题；尹栾玉（2010）认为，我国汽车产业政策中的保护垄断妨碍竞争、急功近利、重视供给轻视消费导致了汽车产业技术仍然相对落后。刘世锦（2008）认为，在中国汽车产业的合资政策中对整车厂商股比限制和国产化政策是成功的，前者保证了中方在资金和技术处于劣势的情况下仍然能不完全受制于外方；后者带动了整个上游零部件行业的发展；汽车产业政策的问题则主要表现在对合资资质的严格限制和整个行业较晚地对自主品牌开放造成了早期两三家企业几款产品长期主导市场的垄断局面。

四、文献评述

行业和企业绩效背后变化的原因，纵向关系与企业绩效和市场势力之间的关系，中国汽车行业的发展模式等这些问题都是产业组织理论和实证研究或是中国产业经济实践中的热点问题。虽然针对这些问题，国内外文献已经进行了大量的有益分析，但仍存在一些不足之处，本书尝试对这些不足予以改进，主要体现在以下几点：

①虽然本土产业经济学对整车制造业给予了大量的关注，但对零部件制造

业以及零部件制造业对下游整车行业的溢出效应关注却较少，本书从零部件企业的微观绩效出发，给出中国零部件行业发展的概况图。②尽管全要素生产率和利润率都是衡量企业绩效的常用指标，但文献较少，从这两个角度对企业的绩效进行衡量，De Locker 和 Goldberg（2014）指出两者存在显著差异，后者不仅反映了企业的物质生产能力，更能反映企业面临的市场需求状况，本书尝试从两个角度同时对企业的绩效进行衡量。③针对特定行业 FDI 纵向技术溢出效应的研究较为稀缺并且多是跨行业的，而中国汽车产业的国产化政策选择以及零部件企业与整车厂商配套的高度附属关系为我们实证分析这一过程中的纵向技术溢出提供了一个绝佳的背景。④对纵向一体化与企业绩效之间关系的研究大多是跨行业的（陈启斐等，2015；储德银和张同斌，2013），并侧重于企业层面，也多是静态的。本书聚焦特定行业，能够有效控制不同行业技术基础和内外部环境的差异性；另外通过产品层面进行研究，解决了企业一体化选择的内生性问题（Pieri 和 Zaninotto，2011）。⑤纵向结构与横向市场结构之间关系的实证研究仍较为稀缺或是不完善的。例如，在已有以美国电影行业为背景的实证检验中，由于电影之间的价格差异不大，Corts（2001）利用排片时间这一变量对电影之间的竞争行为进行了衡量，然而正如 Corts（2001）所提到，导致同一家发行公司将排片日期分散的一个重要因素可能是产量的限制，而并不一定都是出于避免正面竞争的考虑。本书利用结构方程模型考察乘用车企业的定价行为，对企业之间价格共谋的判断直接证明了中国乘用车市场中关键零部件的纵向供给结构降低了下游乘用车市场的竞争性。

第三章　背景：中国汽车零部件行业概况

一、"整强零弱"的中国汽车工业

2016 年，我国的汽车零部件行业规模以上企业达到 12757 家，主营业务收入达到 38096 亿元，相当于 5 个上汽集团的同年营业收入[①]。但离汽车零部件工业强国尚有距离。一方面，尽管企业数量众多，却缺乏代表性的大企业。从美、日、德等汽车强国的发展经验来看，强大的汽车工业背后都有一批强大的汽车零部件企业，如德国的博世和西门子、日本的电装和爱信、美国的德尔福和伟世通。而实力强劲的大企业在我国的汽车零部件行业尚未涌现；另一方面，本土企业在技术方面特别是核心技术方面仍有待突破。在发动机变速箱、汽车电子等核心部件领域，外资控制的市场份额达到了 90%。

与整车行业进行对比不难发现：我国零部件行业的发展仍然多方面滞后于整车。从自主发展来看，在国家对自主品牌的扶植和发展下，整车行业的自主品牌市场份额在 2016 年已经达到 40%，自主品牌已经成为乘用

---

① 2016 年上汽集团的营业收入达到 7462 亿元，位居所有整车企业集团首位。

车市场的重要组成部分，而核心零部件行业的市场份额仍被外资所控制。从企业规模来看，零部件行业仍表现出企业数量众多却规模小的特点。而整车行业虽然仍然有 40 家主要的生产企业，已经呈现出以一汽、东风、上汽、长安、北汽和广汽六大整车集团为核心抱团发展的趋势，规模效应已经初显。

表 3-1 将 2016 年发动机、变速箱以及电子电器三大汽车关键零部件行业和整车行业的主要经济指标进行对比，我国规模以上发动机企业 96 家，变速箱企业和电子电器企业分别达到 339 家和 1056 家。企业数量众多，使得市场竞争较为激烈。在电子电器对技术要求高的行业中，规模以上企业的数量就高达上千家，使得企业难以发挥规模优势投入创新和研发活动中。相比之下，我国整车行业的规模效应已经开始凸显，隶属于一汽、东风、上汽、长安、北汽和广汽六大整车集团的整车企业为 28 家。平均规模和平均利润来看，发动机企业在三类企业中最高，平均资产和平均利润分别为 198094 万元和 28539 万元，远低于整车集团企业的平均值。不过在研发投入方面，零部件企业的平均投入均高于整车。总的来说，我国的零部件工业仍然滞后于整车。

表 3-1 2016 年零部件行业和整车行业主要经济指标对比

经济指标	发动机企业	变速箱及相关企业	电子电器企业	六大整车集团企业
企业数量	96	339	1056	28
平均总资产（万元）	198094	49264	16832	8769472
平均利润（万元）	28539	5654	3985	844015
平均研发投入（％）	3.57	3.4	4.9	2.07

资料来源：作者根据《2017 年汽车工业年鉴》整理得到。

二、"整强零弱"的原因分析

为什么我国汽车工业呈现出整车强而零部件弱的特点。从零部件行业的发展历程和国家对汽车工业的政策支持中或许可以找到答案。

1. 零部件行业的发展模式

中国的汽车零部件工业基本是伴随着整车工业发展来的。20 世纪 50 年代之前，我国开始出现一些汽车修理厂，为当时的进口汽车进行配套修理。这一时期出现了国内最早的零部件生产企业。50 年代新中国成立之后，几个大型的汽车项目包括一汽和二汽的建设过程中，完善的零部件配套都成为建设的重要组成部分（周恩德和杜小艳，2013）。例如在 1969 年，第二汽车（东风）制造厂的建设集整车和零部件生产为一体。改革开放前夕，我国汽车零部件企业达到 1780 家，总产值为 28 亿元。

1978 年改革开放之后，引进外国先进技术进行技术追赶的风潮同样刮到了汽车零部件行业。20 世纪 80 年代，我国汽车工业第一家合资企业，北京吉普公司在北京成立，外资开始给零部件行业带来先进的生产技术和新的产品线。国家开始对一些重点零部件企业进行统筹规划，希望他们能成长为实力雄厚的本土零部件企业。到 90 年代，零部件行业已经基本能够满足本土企业国产化配套要求（周恩德和杜小艳，2013）。与此同时，国家开始允许外资零部件企业进入我国，博世、德尔福等大型汽车零部件集团开始在我国投资建厂。这些外资企业的入驻同样带动了本土零部件企业的发展。

加入 WTO 以后，更多的外国零部件企业进入我国，本土零部件企业面临着空前的挑战。而这一时期也是汽车零部件行业增长最为迅速的时期。2002 年，我国零部件行业营业收入首次突破千亿元，2011 年零部件行业首次突破万亿营业收入，这一数量级的突破仅用了 9 年，相比之下，整车行业则花了 14 年实现营业收入从千亿元到万亿元的突破。2015 年，零部件行业的营业收入达到 1.4 万亿元。这些企业主要分布在吉林、长三角、京津冀、湖北、川渝和广东六个地区，分别为一汽、上汽、北汽、东风、长安和广汽集团配套，他们的产值占到全国零部件行业总产值的 80%。

总的来说，回顾中国汽车零部件行业的发展历史，不难发现，我国的零部件工业实际是计划经济下为整车配套的产物。这些企业往往规模小、技术水平不高，另外依附于整车的发展模式也使得行业中较难出现能够独当一面的大企业。加入 WTO 之后，外国零部件厂商在中国市场的迅速布局，又使得本土企业的发展壮大面临着很大的压力。这些都部分造成了本土零部件行业难以实现真正的突破。

2. 产业政策视角

汽车工业"整强零弱"的另一部分原因来自产业政策层面。长久以来汽车行业是国家产业政策干涉的重点行业，产业政策也确实影响了这个行业的发展轨迹。但是这些政策却主要关注的是整车行业，而对零部件行业却较少涉及。

表 3-2 和表 3-3 分别总结了我国整车行业和零部件行业相关的产业政策。针对整车企业的产业政策涉及了行业的进入准入、外资利用、投资规模、国产化以及自主品牌发展的方方面面。整车行业也确实从这些产业政策中获益良多。事实上，国家对汽车企业的资质和汽车项目的规模有着严格的审查和限制，保障了整车行业的规模式发展。产业政策对外资在整车行业发展的限制，以及国家在政府采购等方面对自主品牌的支持，留给了比亚迪、奇瑞和吉利等本土自主品牌足够的发展空间。

相比之下，产业政策对零部件行业则关注较少。相关方面的产业政策只有 20 世纪 90 年代后期对发动机和变速箱等关键零部件企业的外资比例和国产化比率的相关规定，两个政策均在 WTO 前夕取消。与国家在整车行业对自主品牌的鼓励和对外资的限制不同，对发动机企业的股比限制早在 2002 年就取消，使得外资主要零部件企业早早就在中国市场占据了主导位置，留给本土零部件生产厂商的生存空间有限。在零部件行业的自主研发和自主发展方面，也没有相关的产业政策进行扶植。因此，我国汽车关键零部件领域仍主要被外资控制，缺乏大型的本土企业，这与产业政策对零部件行业的忽视不无关系。

表 3 – 2　整车相关产业政策

政策类别	法规名称	政策内容
行业进入准入	1989 年的《全国汽车、民用改装车和摩托车生产企业及产品目录管理暂行规定》	确定了政府对汽车企业和产品的目录管理制度：汽车企业及其产品只有在目录中，才能生产和销售汽车，从目录的申报到审核都由政府主导
利用外资政策	1994 年的《汽车工业产业政策》	规定了外资投资整车企业的数量不得超过两家，以及在整车企业的参股比例不得高于 50%
规模门槛	1994 年的《汽车工业产业政策》	①对企业进入和扩张设置了规模门槛：新企业的进入乘用车行业需要满足一定的产量规模限制；在位企业的规模扩张同样需要满足规模门槛；②鼓励在位的规模以上企业发展经济型轿车和关键零部件项目；③1995 年之前不批准新项目
	2004 年的《汽车产业发展政策》	进一步提高乘用车企业的进入规模门槛
国产化率政策	1990 年的《关于运用税收优惠促进小轿车国产化的暂行规定》，2001 年废除	给予国产化程度不同的小轿车企业不同的零部件进口税率优惠，国产化程度越高，零部件进口税率优惠越大
	2005 年的《构成整车特征的汽车零部件进口管理办法》，2009 年废除	利用整车特征实施变相的国产化政策，首次规定进口零部件构成整车特征的条件：进口零部件总价格达到政策总价格的 60% 及以上的、同样构成整车特征的按照整车的关税税率征收
鼓励自主品牌	2006 年的《关于汽车工业结构调整意见的通知》	要求政府部门优先采购自主品牌的产品；将自主品牌和自主研发作为完善对国有汽车企业集团的业绩考核内容
	2009 年的《汽车产业调整和振兴规划》	在技术开发、政府采购、融资渠道等方面制定相应政策，引导汽车生产企业将发展自主品牌作为企业战略重点，支持汽车生产企业通过自主开发、联合开发、国内外并购等多种方式发展自主品牌

资料来源：作者根据相关资料整理。

表 3 - 3 　 零部件相关产业政策

政策类别	法规名称	政策内容
利用外资政策	1994 年《汽车工业产业政策》，2002 年取消	规定了发动机企业的外资比例不得超过 50%
国产化率政策	1997 年《关于运用关税手段促进轻型客车国产化的暂行规定》，2001 年废除	出台了发动机和变速箱这两种关键零部件厂商国产化率优惠极差的细则

资料来源：作者根据相关资料整理。

三、我国整车和零部件行业规模变化

尽管零部件的发展仍然落后于整车，总的来说，两个上下游行业仍然呈现一致发展的态势。图 3 - 1 给出了 1994 ~ 2015 年我国整车制造行业和零部件行业的营业收入变化。1994 ~ 2015 年，我国汽车整车行业的营业收入由 1007 亿元增长至 28119 亿元，增长了 28 倍；零部件行业的营业收入由 404.2 亿元增长至 14010 亿元。特别是在 2008 年之前，零部件行业和整车行业同步发展的趋势尤为明显；另一方面零部件和整车行业的紧密联系也使得两者之间存在明显的溢出效应。从下一章节开始，我们就将利用企业层面的微观数据，对中国汽车行业的零部件行业以及对整车行业的溢出效应进行分析。首先，我们将对零部件行业的绩效变化进行测度。在此基础上分析零部件行业的绩效变化如何影响整车行业的市场绩效与竞争结构。

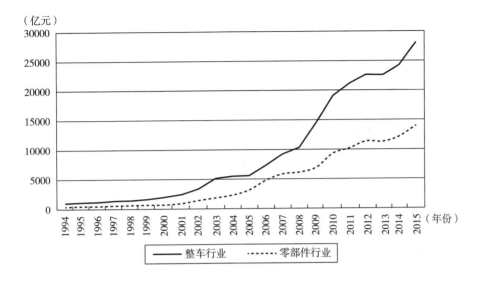

图 3 – 1 1994 ~ 2015 年中国整车行业和零部件行业营业收入变化

资料来源：《中国汽车工业年鉴》。

第四章 零部件行业绩效变化Ⅰ：
开放竞争和行业绩效动态变化

一、引言

　　1998~2007 年我国经济环境的开放使中国汽车行业特别是乘用车行业发生了巨大变化。全国汽车产量从 1998 年的 162 万辆增长到 2007 年的 879 万辆，10 年间增长了 4 倍。在乘用车行业，1998 年 14 家生产企业生产的车型数量仅有 20 款；而到 2007 年，乘用车生产企业多达 40 多家，车型数量超过 200 款。与此同时，配套的零部件工业在行业规模、企业数量和技术水平方面也发生了长足的进步。作为全书核心内容的起点，本章旨在对 1998~2007 年中国汽车行业发展最为迅速的 10 年间中国汽车零部件行业的发展情况进行总体的把握。利用中国工业企业数据库规模以上零部件制造企业的微观数据，我们对 1998~2007 年的中国汽车零部件制造业的市场结构以及绩效变化进行分析，并描绘出一幅汽车零部件行业发展的动态图。

　　与下游整车行业受政府的规制较多不同，中国零部件行业是在一个相对宽松的政策环境中成长起来的。尽管政府的产业政策几乎涉及了整车行业的进入准入、投资股比、产能建设等方方面面，对汽车零部件行业的发展则并无过多干涉，但是，在这种相对宽松的环境下，零部件行业的发展也颇具特色，行业规模扩张的背后是企业数据的急剧增加。其中民营企业和外资企业数量的增多带来了市场竞争主体的多元化。在这一背景下，行业进入退出情况，以及行业的平均绩效和总体绩效发生了怎样的变化？在政府规制较少的情况下，相对自由的进入和退出是否带来了市场份额与企业绩效的有效匹配？本章将通过全要素生产率和利润率的双重视角对企业绩效进行度量，并在此基础上回答上述问题。

本章利用1998～2007年中国工业企业数据库中汽车零部件企业数据，对企业的生产函数进行了估计，并在此基础上测算出企业的全要素生产率，同时利用产业组织前沿的生产法对企业的利润率进行了测算。不论是从全要素生产率还是从利润率来看，这10年间中国零部件行业的平均绩效经历了明显的提升。不过市场份额加总的行业总量生产率变化却发生了持续的下滑，反映出行业资源配置的无效性。通过对总量生产率的变化进行分解，我们发现，这种市场份额和企业的生产效率错配的原因一方面来自在位企业之间市场份额和生产效率不匹配，另一方面则归因于这期间大量低生产效率的企业进入导致的市场份额向低效率企业流动。相比之下，企业的利润率与市场份额的变化表现出较强的一致性，行业的市场份额向利润率高企业流动，拉高了行业的总量利润率。

对不同所有制企业的异质性分析表明，1998～2007年不同所有制结构的企业绩效存在明显差异：10年间国有企业和内资企业的全要素生产率进步明显大于非国有企业和外资企业；国有企业和外资企业的利润率明显高于国有企业；国有企业和外资企业相对非国有企业和内资企业存在无法用生产效率解释的利润优势。通过分析财政补贴和税收减免两类明显向国有企业和外资企业倾斜的政策与企业利润率之间的关系，我们发现政府对外资倾斜的招商引资政策在一定程度上解释了外资企业的利润优势。

作为全书核心内容的起点，本章为全书描绘出一幅中国零部件行业绩效变化的概况图：在中国汽车工业发展最为迅速的10年间，作为行业基石的零部件行业经历了企业大规模进入和退出驱动的规模扩张，行业的市场竞争不断加剧，行业主题呈现出多元化趋势，平均全要素生产率和利润率都发生了明显的提升。不过市场中资源配置的无效性明显存在，主要表现为市场份额和企业生产率之间的错配，国有企业和外资企业的利润优势则表明行业竞争的公平性同样有待于进一步提升。

分析这一行业进入退出与企业总量生产率之间的关系，有利于理清学界对我国经济转轨过程中的开放竞争对经济发展的影响的争论。开放竞争下，非国有企业的大量进入，是推动了市场的优胜劣汰、促进了生产效率的提升（刘世锦，2008；李平等，2012）还是导致了行业的过度竞争，抑制了规模经济，甚至引发过度投资和产能过剩等一系列问题（夏大慰和罗云辉，2003；林毅夫等，2010）。本章以汽车零部件行业这一政府规制较少的行业为具体背景，发现开放竞争确实会导致无效进入、资源的不合理配置等市场失灵现象，从而对行业的总量生产率提升产生不利的影响。

本章的结论也能重新加深我们对政府产业政策边界的认识：发生在中国汽车零部件行业的低效进入和资源不合理配置说明政府通过进入规制等产业政策手段来干涉经济与保证市场的有效性仍然是有必要的。只不过，这些产业政策都应当以保证市场公平性为前提，而不应该向某一类企业特定倾斜。事实上本章发现的外资相对于内资企业的利润优势表明，政府明显向外资企业倾斜的招商引资政策有失公平，它使得部分企业无须通过效率的改进就能获得较高的利润水平。

本章的结构安排如下：第二部分结合行业的规模变化对中国汽车零部件行业的发展进行介绍；第三部分介绍了对企业全要素生产率和利润率测算的方法；第四部分对本章所使用的数据进行了说明，并结合一些描述性证据从市场规模和市场结构变化给出了中国汽车零部件业 1998～2007 年的发展概况；第五部分基于企业全要素生产率和利润率测算的结果，从双重视角分析了行业平均绩效的变化，以及行业大规模进入退出和总量绩效变化之间的关系，并尝试对本章发现的国有企业和外资企业无法用生产效率解释的利润优势进行了解释；第六部分是本章的结论和相关政策建议。

二、中国汽车零部件行业规模变化

正如第三章所介绍的，我国汽车零部件企业主要为各地的整车厂配套，零部件行业是自20世纪50年代起随着新中国的汽车工业一同建立起来的。近年来，我国整车行业取得了举世瞩目的成绩，也带动了上游零部件行业的发展。零部件行业规模的扩张背后，以及企业的绩效变化如何，则需要我们利用计量方法进行度量。由于中国工业企业数据库（1998～2007年）是为数不多的较为完整地提供了度量企业绩效所需财务指标的数据库，我们根据行业代码对该数据库中的汽车零部件企业进行提取，在此基础上对企业绩效进行测算。尽管这一样本的选择使得我们的研究丧失了一定的时效性，但是样本期间的1998～2007年是我国经济全面对内开放竞争和对外开放的关键时期，也是我国汽车工业发展的关键时期，对这一时期的零部件行业绩效进行研究仍然具有重要意义。

三、计量模型

与大多数文献仅用生产率或利润率作为企业绩效的衡量指标不同，我们利用生产效率和利润率的双重视角对企业绩效进行衡量，其中前者反映企业的物质生产能力，由企业的生产函数决定，后者还受市场需求的影响，反映企业的产品差异化能力以及市场势力（De Loecker 和 Goldberg，2014）。下面对企业的生产率和利润率的测算方法进行介绍。

1. 全要素生产率测算

全要素生产率是度量企业技术进步的常用指标，用企业产出中无法被用于要素投入解释的部分衡量，其测算依赖于生产函数的估计。我们对生产函数的估计和全要素生产率的测算利用了使用较为广泛的半参数估计方法（Olley 和 Pakes，1996；Levinsohn 和 Petrin，2003；Ackerberg 等，2015）。由于企业的要素投入和无法观察到的企业特征（主要来自企业的生产率）往往是相关的，导致传统的 OLS 方法下生产函数估计有偏，半参数方法通过假定企业根据当前的生产率情况，决定当期的投资或中间品投入，利用投资（Olley 和 Pakes，1996）或中间品投入（Levinsohn 和 Petrin，2003；Ackerberg 等，2015）作为无法观察到的生产率的代理变量，由此解决了上述问题。本章分别利用 Olley 和 Pakes（1996）提出的 OP 法和 Ackerberg 等（2015）提出的 ACF 法对企业的增加值生产函数和总产值生产函数进行估计，并分别算出两种函数下的全要素生产率。其中较早出现的 OP 法已经被广泛用于对企业微观层面的增加值生产函数和全要素生产率的测算中（鲁晓东和连玉君，2012；任曙明和张静，2013），这使得我们的估计结果有所参照。而对总产值生产函数的估计是出于进一步利用生产法（De Locker 和 Warzynski，2012）对企业利润率进行估计的需要。下面分别对 OP 法和 ACF 法以及生产函数设定进行介绍。

OP 法和增加值生产函数估计及全要素生产率测算。

我们对生产函数的设定采用了传统的柯布—道格拉斯生产函数形式，对增加值生产函数的设定如下：

$$\ln VA_{it} = \alpha_k \ln K_{it} + \alpha_l \ln L_{it} + \omega_{it} + \eta_{it}$$

其中，VA_{it} 表示企业 i 在 t 时期的工业增加值，我们用企业的工业增加值进行衡量，即企业的总产出减去中间品消耗，反映了企业生产过程中新增加的价值。K_{it}、L_{it} 分别表示企业 i 在 t 时期的资本存量和从业人员数量。ω_{it} 表示待估计的全要素生产率的对数（$\ln TFP_{it}$），η_{it} 表示误差项。即假设除测量误差外，企业增加值无法用资本和劳动力投入解释的部分全部用其全要素生产率贡献。为后文描述方便我们用小写字母表示产出和要素投入的对数，即

$$va_{it} = \alpha_k k_{it} + \alpha_l l_{it} + \omega_{it} + \eta_{it} \tag{4-1}$$

在传统的 OLS 估计下，k_{it} 和 l_{it} 与 ω_{it} 相关导致 k_{it}，l_{it} 的系数估计结果有偏，为解决这一问题，OP 法假设企业的投资由当期全要素生产率决定，并基于此，利用投资作为全要素生产率的代理变量。具体地，假设企业当期投资由下面的

投资函数决定：

$$i_{it} = h(\omega_{it}, k_{it})$$

在投资函数 h（·）单调的假定下，ω_{it} 就可以写成 i_{it}，k_{it} 的函数形式：

$$\omega_{it} = h^{-1}(i_{it}, k_{it})$$

将其代入式（4-1），可得：

$$va_{it} = \alpha_l l_{it} + p(i_{it}, k_{it}) + \eta_{it}$$

其中，p（i_{it}，k_{it}）$= \alpha_k k_{it} + h^{-1}$（$i_{it}$，$k_{it}$）可以用 i_{it}，k_{it} 的高阶多项式进行逼近。因此，利用 y_{it} 对 l_{it} 以及 i_{it}，k_{it} 的高阶多项式进行回归就可以得到系数 α_l 以及误差项 η_{it} 的估计。

对 k_{it} 的系数的估计则进一步依赖于对企业全要素生产率 ω_{it} 的变化且服从一阶马尔科夫过程的假设，即 ω_{it} 由上一期的全要素生产率 ω_{it-1} 和会影响全要素生产率的外部冲击（例如创新）ξ_{it} 决定，得出：

$$\omega_{it} = E[\omega_{it} \mid \omega_{it-1}] + \xi_{it} \tag{4-2}$$

其中，ξ_{it} 的均值为0，同样利用 ω_{it-1} 的高阶多项式 g（ω_{it-1}）对 $E[\omega_{it} \mid \omega_{it-1}]$ 进行逼近。将 $\omega_{it} = \widehat{va_{lt}} - \hat{\alpha_l} l_{it} - \alpha_k k_{it}$ 代入式（4-2）可得：

$$\widehat{va_{lt}} - \widehat{\alpha_l} l_{it} - \alpha_k k_{it} = g（\widehat{va_{lt-1}} - \hat{\alpha_l} l_{it-1} - \alpha_k k_{it-1}）+ \xi_{it}$$

其中，$\hat{\alpha_l}$ 为第一步得到的 l_{it} 的估计系数，$\hat{va_{lt}} = va_{it} - \hat{\eta_{lt}}$，$\hat{\eta_{lt}}$ 为 η_{it} 的估计值同样从第一步得到，利用 ξ_{it} 的均值为0，就可以用非线性最小二乘法对 α_k 进行估计。基于生产函数的系数估计结果：企业工业增加值的全要素生产率的对数可以利用下面的公式计算出来：

$$\omega_{it} = va_{it} - \widehat{\alpha_k} k_{it} - \hat{\alpha_l} l_{it} - \widehat{\eta_{lt}}$$

ACF 法为总产出生产函数估计及生产率测算。现实中，OP 法的估计往往会遇到企业的投资大量观察值为0的情况，这时投资函数（·）单调的假定不成立，使得投资无法成为生产率的代理变量。为解决这一问题 Levinson 和 Petrin（2003）（简称 LP 法）指出，企业的中间品的投入同样是由全要素生产率决定的，也可以作为企业全要素生产率的代理变量。除了对全要素代理变量的选择不同，其对要素投入系数的估计方法与 OP 法完全相同：即劳动力作为可变投入品，其选择与全要素生产率无关，第一步利用产出对劳动力，以及资本和全要素生产率的代理变量（LP 法为中间品投入，OP 法为投资）的高阶多项式回归，将劳动力的系数估计出来，第二步利用全要素生产率服从一阶马尔科夫过程的假设，即相邻两期生产率的变化是外生的，利用矩估计的方法将资本的系数估计出来。

在此基础上 Ackerberg 等（2015）（简称 ACF 法）指出，由于劳动力和资本之间可能存在共线性关系，其系数无法在 OP 法和 LP 法的第一步线性回归中被识别。为了解决这一问题，ACF 对可变投入品的估计依赖于对生产率冲击与要素投入不相关的假设，利用当期或前一期的要素投入作为当期生产率冲击的工具变量。出于后文对企业利润率估计的需要，我们用 ACF 法对企业的总产出生产函数进行了估计。即此时我们的被解释变量为未去除中间品投入的企业总产出，此时中间品投入也作为总产出解释变量，在传统的柯布—道格拉斯函数下，总产出函数 $Q_{it} = F(K_{it}, L_{it}, M_{it}, \omega_{it})$ 具有如下的形式：

$$q_{it} = \alpha_k k_{it} + \alpha_l l_{it} + \alpha_m m_{it} + \omega_{it} + \eta_{it} \qquad (4-3)$$

其中，Q_{it} 表示企业 i 在 t 时期的总产出，K_{it}、L_{it}、M_{it} 分别为企业 i 在 t 时期的资本存量、从业人员和中间投入品，小写字母 q_{it}、k_{it}、l_{it}、m_{it} 为对应变量的对数形式，ω_{it} 为待估计的全要素生产率的对数（$\ln TFP_{it}$），η_{it} 为误差项。

OP 法和 LP 法一样，ACF 法对要素投入内生性问题的解决同样依赖于企业对中间投入品的投入，而这个投入又取决于全要素生产率的假定：

$$m_{it} = h(\omega_{it}, k_{it}, l_{it})$$

由此，要素投入可以作为全要素生产率的代理变量：

$$\omega_{it} = h^{-1}(m_{it}, k_{it}, l_{it})$$

将其代入式（4-3），可得：

$$q_{it} = \psi(k_{it}, l_{it}, m_{it}) + \eta_{it}$$

其中，$\psi(k_{it}, l_{it}, m_{it}) = \alpha_k k_{it} + \alpha_l l_{it} + \alpha_m m_{it} + h^{-1}(m_{it}, k_{it}, l_{it})$ 可用 k_{it}，l_{it}，m_{it} 的高阶多项式逼近。ACF 法的第一步用 q_{it} 对 k_{it}、l_{it}、m_{it} 的高阶多项式进行回归，得到 $\psi(k_{it}, l_{it}, m_{it})$ 和误差项的估计值 $\widehat{\psi_{it}}$ 和 $\widehat{\eta_{it}}$，与 OP 法和 LP 法不同，此时任意要素投入的系数都无法在第一步被估计出来，不过 ω_{it} 仍可以写成待估计的参数的函数形式：

$$\omega_{it}(\alpha) = \widehat{\psi_{lt}} - \alpha_k k_{it} - \alpha_l l_{it} - \alpha_m$$

所有系数 $\beta = (\beta_k, \beta_l, \beta_m)$ 的估计进一步都依赖于全要素生产率数 ω_{it} 且服从一阶马尔科夫过程的假定：

$$\omega_{it} = E[\omega_{it} \mid \omega_{it-1}] + \xi_{it}$$

其中，ξ_{it} 表示由创新等因素带来全要素生产率冲击，利用 ω_{it-1} 高阶多项式对 $E[\omega_{it} \mid \omega_{it-1}]$ 进行逼近，$\xi_{it}(\alpha) = \omega_{it}(\alpha) - E[\omega_{it} \mid \omega_{it-1}] = \omega_{it}(\beta) - \sum_{n=0}^{q} \omega_{it-1}(\alpha)^n$。由于当期的不可变要素投入资本 k_{it} 在当期之前就决定了，和当期的外部冲击 ξ_{it} 无关，另外上一期的可变要素投入劳动力、中间品投入和当期的外部冲击 ξ_{it} 同样无关。利用下面的矩条件，我们可以用 GMM 的方法对系数 β 进行估计：

$$E\left[\xi_{it}(\alpha)\begin{pmatrix} k_{it} \\ l_{it-1} \\ m_{it-1} \end{pmatrix}\right] = 0$$

有了要素投入系数的估计值 $\hat{\alpha}$，利用 $\omega_{it}(\hat{\alpha}) = \widehat{\psi_{lt}} - \widehat{\alpha_k} k_{it} - \widehat{\alpha_l} l_{it} - \widehat{\alpha_m} m_{it}$ 就可以计算出全要素生产率的对数。

2. 利润率测算

我们对企业利润率的估计利用了 De Locker 和 Warzynski（2012）提出的生产法。在另一种被广泛使用的需求法中（Berry 等，1995），对企业利润率的估计建立在对需求弹性的估计以及企业定价行为的假设下。就汽车零部件行业而言，由于需求方是下游整车厂商，产品的消费量和价格往往无法观察，使得对需求函数以及需求弹性的估计难以进行。De Locker 和 Warzynski（2012）指出，在厂商调整可变投入品使得成本最小化的一阶条件中，厂商的利润率直接由可变投入品的比例和产出弹性来决定。因此在生产函数进行估计的基础上，同样可对企业的利润率进行估计。而这一估计方法的关键在于存在零调整成本的可变要素投入。尽管已有的利用生产法对利润率进行估计的文献往往选择劳动力投入作为零调整成本的可变要素投入（黄枫和吴纯杰，2013），但我国的劳动力资源配置扭曲仍然严重（柏培文，2012），特别是在样本区间中国经济转轨尚未完成的情况下，大量中国国有企业承担着提供就业岗位，缓解就业压力的社会责任，这些都导致了较高的劳动力调整成本（Lu 和 Yu，2015）。基于以上考虑，我们选择企业中间品投入作为零调整成本的中间品投入。在式(4 - 3）的生产函数下：企业能够自由地调整中间品投入 M_{it} 使其成本最小化：

$$\min_{M_{it}} w_{it}L_{it} + r_{it}K_{it} + p_{it}^m M_{it}$$

s. t. $F(K_{it}, L_{it}, M_{it}, \omega_{it}) \geqslant Q_{it}$

其中，w_{it}，r_{it}，p_{it}^m 分别为劳动、资本和中间品的价格，对应的拉格朗日方程为：

$$L(K_{it}, L_{it}, M_{it}, \lambda_{it}) = w_{it}L_{it} + r_{it}K_{it} + p_{it}^m M_{it} + \lambda_{it}(Q_{it} - F(K_{it}, L_{it}, M_{it}, \omega_{it}))$$

其中，λ_{it} 为边际产出成本，中间品投入 M_{it} 满足下面的一阶条件：

$$\frac{\partial L}{\partial M_{it}} = p_{it}^m - \lambda_{it}\frac{\partial F}{\partial M_{it}} = 0$$

$$\frac{\partial F}{\partial M_{it}} = \frac{p_{it}^m}{\lambda_{it}}$$

上式两边同时乘以 $\frac{M_{it}}{Q_{it}}P_{it}$，可得：

$$\frac{\partial F}{\partial M_{it}}\frac{M_{it}}{Q_{it}}P_{it} = \frac{p_{it}^m}{\lambda_{it}}\frac{M_{it}}{Q_{it}}P_{it},$$

其中，P_{it} 为最终产品价格。

或：

$$\frac{P_{it}}{\lambda_{it}} = (\frac{\partial F}{\partial M_{it}}\frac{M_{it}}{Q_{it}})/(\frac{p_{it}^m M_{it}}{P_{it}Q_{it}}) \tag{4-4}$$

式（4 - 4）左边 $\frac{P_{it}}{\lambda_{it}}$ 为最终产品的价格与边际成本之比，即成本加成率。

右边第一项 $\frac{\partial F}{\partial M_{it}}\frac{M_{it}}{Q_{it}}$ 表示中间投入品的产出弹性，其直接由企业的生产函数决定，以柯布—道格拉斯函数为例，$\frac{\partial F}{\partial M_{it}}\frac{M_{it}}{Q_{it}}$ 就等于中间品投入的系数 β_m；第二项

$\dfrac{p_{it}^m M_{it}}{P_{it} Q_{it}}$ 为中间投入品价值占产出价值之比，这一比值在大多数工业企业数据中

往往可以直接观察。这样我们就通过对生产函数的估计实现对企业成本加成率

$\dfrac{P_{it}}{\lambda_{it}}$ 的估计，企业的利润率可以计算为 $markup_{it} = \dfrac{P_{it}}{\lambda_{it}} - 1$。

不过式（4-4）同样表明，在传统的柯布—道格拉斯函数下，成本加成

率 $\dfrac{P_{it}}{\lambda_{it}} = \beta_m \big/ \left(\dfrac{p_{it}^m M_{it}}{P_{it} Q_{it}} \right)$。此时企业的利润率完全由中间品投入在总产值中所占比

例决定。为了使企业的利润计算更具一般性，我们将总产出生产函数设定为更

为一般的超越对数函数的形式：即

$$q_{it} = \beta_k k_{it} + \beta_l l_{it} + \beta_m m_{it} + \beta_{kk} k_{it}^2 + \beta_{ll} l_{it}^2 + \beta_{mm} m_{it}^2 + \beta_{kl} k_{it} l_{it} + \beta_{ml} m_{it} l_{it} + \beta_{km} k_{it} m_{it} + \omega_{it} + \eta_{it}$$

$$(4-5)$$

其估计方法与柯布—道格拉斯拉斯函数下完全相同，不过二次项系数 β_{kk}、

β_{ll}、β_{mm}、β_{kl}、β_{ml}、β_{km} 的估计需要更多的工具变量，利用 k_{it}、l_{it-1} 和 m_{it-1} 的二

次项和交叉项作为新的工具变量，即利用下面的矩条件，我们可以用 GMM 的

方法对系数（β_k、β_l、β_m、β_{kk}、β_{ll}、β_{mm}、β_{kl}、β_{ml}、β_{km}）进行估计：

$$E\left[\xi_{it}(\beta) \begin{pmatrix} l_{it-1} \\ k_{it} \\ m_{it-1} \\ l_{it-1}^2 \\ k_{it}^2 \\ m_{it-1}^2 \\ l_{it-1} k_{it} \\ l_{it-1} m_{it-1} \\ k_{it} m_{it-1} \end{pmatrix} \right] = 0$$

利用 $\omega_{it}(\hat{\beta}) = \widehat{\psi_{it}} - \widehat{\beta_k} k_{it} - \widehat{\beta_l} l_{it} - \widehat{\beta_m} m_{it} - \widehat{\beta_{kk}} k_{it}^2 - \widehat{\beta_{ll}} l_{it}^2 - \widehat{\beta_{mm}} m_{it}^2 - \widehat{\beta_{kl}} k_{it} l_{it} - \widehat{\beta_{ml}} m_{it} l_{it} - \widehat{\beta_{km}} k_{it} m_{it}$ 同样可以对全要素生产率的对数进行计算。

在超越对数函数下，中间品投入品产出弹性为：

$$\frac{\partial F}{\partial M_{it}}\frac{M_{it}}{Q_{it}}=\beta_m + 2\beta_{mm}m_{it}+\beta_{ml}l_{it}+\beta_{mk}k_{it}$$

其不仅由参数 β 的值决定，也取决于企业的要素投入水平。此时企业的利润率不完全由中间投入品价值占产出品价值比决定，同样取决于其要素投入水平。正是由于超越对数函数形式下企业的利润计算更具一般化，下文对利润率的计算基于对式（4-5）总产出超越对数生产函数的估计。为了使利用生产率和利润率对企业绩效的两种度量视角具有可比性，本章对全要素生产率的测算也主要基于总产出超越对数生产函数。

四、数据和描述性分析

1. 数据来源

本章选取的研究样本为1998~2007年规模以上中国汽车零部件制造企业，主要数据来源为中国工业企业数据库1998~2007年的汽车零部件行业企业（根据2002年行业分类标准的变化，提取了1998~2002年四位行业代码为"3727"以及2003~2007年四位行业代码为"3725"的企业）。对工业企业数据库的选择主要基于以下思考：①数据每年由国家统计局负责对规模以上制造业企业进行调查，时间跨度长、企业样本量大，数据较为权威（聂辉华等，2012），10年间零部件企业的观察值近3万个，涵盖了期间全国范围内主要零部件制造企业；②数据主要以企业财务指标为主，这能够保证科学地测算企业的全要素生产率；③最为关键的是数据涵盖的10年间是我国经济转轨时期最为重要的时期，渐进式的国有制改革和经济的全面开放都发生于此；这一期间同时是汽车行业发展最为迅速的10年，我国的汽车工业和汽车零部件制造业的规模企业绩效都发生了显著变化，研究这一时期零部件行业的生产率动态变化具有重要的意义。剔除了关键变量异常或缺失的样本后，最终得到的10年间的观察值数量为29679。在标准的生产函数中，产出、资本存量和中间品投入分别对应着物质产出和投入，现实中，在工业企业数据库等企业普查数据中，产出、资本存量以及中间投入品均以实际价值的形式提供，我们采用文献中常用的办法，利用产出和投入价格指数分别对这些价值进行平减。产出和投入价格指数来自 Brandt 等（2012）的汽车零部件制造业产出和投入价格指数。由于工业企业数据库并未提供企业的投资和资本存量数据，我们利用企业连续两年的固定资本原值之差将企业的投资计算出来。在此基础上，利用企业初始年的固定资本作为原始资本利用永续盘存法将企业剩余年的资本存量计算出来。在这一方法下其中有1000个观察值的投资额为0，在 OP 法中这些样本将被剔除，剩下有效样本为28668个。表4-1给出了变量的描述性统计。下面结合数据的一些描述性证据，对1998~2007年中国汽车零部件制造业的市场规模和市场结构变化进行说明。

表4-1 变量的描述性统计

变量符号	变量含义	观测值	均值	标准差	最小值	最大值
y	工业总产出对数（千元）	29679	10.1799	1.2588	4.7807	16.0088
k	资本存量的对数（千元）	29679	8.7480	1.6420	0.0383	14.6959
l	从业人数对数（人）	29679	4.8847	1.0234	2.3979	9.9633
m	中间品投入的对数（千元）	29679	9.8383	1.2831	4.4991	15.8466
i	投资的对数（千元）	28668	9.9121	1.2434	0.0061	17.2421

资料来源：中国工业企业数据库1998~2007年的汽车零部件行业企业（根据2003年行业分类标准的变化，提取了2002年之前4位行业代码为"3727"以及2003年之后4位行业代码为"3725"的企业），工业总产出根据产出品价格指数进行了平减，资本根据投入品的价格指数进行了平减（Brandt等，2012）。

2. 中国汽车零部件行业概况：中国乘用车零部件制造业 1998~2007 年市场规模和市场结构变化

中国汽车零部件工业随着我国汽车工业一同建立并发展壮大起来，作为汽车产销第一大国，我国汽车行业近年来的迅速成长离不开零部件工业的支持。

与整车行业不同，国家对汽车零部件行业的进入退出、外商投资等方面的政策规制较少，使得这个行业的发展更具活力。汽车工业的成长带来了零部件市场需求的急剧扩张，民营零部件生产厂商如雨后春笋般涌现出来。加入 WTO 前后，随着跨国汽车制造企业纷纷在我国建立合资生产企业，配套的外资零部件生产企业也一同进入，为我国汽车零部件制造业注入了新的活力。表 4 - 2 第 2 ~ 4 列给出了 1998 ~ 2007 年中国汽车零部件行业总产出和其中外资企业①以及非国有企业产出占比；第 5 ~ 7 列给出了 1998 ~ 2007 年汽车零部件行业企业数量和其中外资企业以及非国有企业比例。2007 年，我国汽车零部件行业总产出达到 5940 亿元，是 1998 年的 9 倍，其中外资产出比例从 1998 年的 25.8% 增长到 2007 年的接近 50%，较低的进入门槛使得非国有企业成为该行业的竞争主体，其产出比例在 1998 年就高达 75.7%，到 2007 年更是占到了行业总产出的 95%。行业规模扩张背后是企业数量的急剧增加，2007 年企业数量增长至 5675 家，超过 1998 年的 3 倍，其中外资企业数量占比则从 1998 年的 11.6% 增长至 2007 年的 21.6%，非国有企业从 1998 年的 72.7% 增长至 2007 年的 97.8%。总的来说，1998 ~ 2007 年，中国汽车零部件行业呈现出企业大规模进入驱动的行业规模扩张，外资企业和非国有企业比例逐年上升的趋势，使得这个行业竞争主题呈现出多元化。

表 4 - 2　1998 ~ 2007 年中国汽车零部件行业总产出和其中外资企业非

国有企业占比、企业数量和其中外资企业和非国有企业占比

年份	总产出 （亿元）	#外资企业 占比（%）	#非国有企业 占比（%）	企业数量	#外资企业 占比（%）	#非国有企业 占比（%）
1998	686	25.8	75.7	1616	11.6	72.7
1999	701	33.1	83.2	1437	16.5	80.6
2000	760	31.3	81.7	1411	18.1	85.3
2001	970	31.9	79.4	1793	16.3	87.9
2002	1200	36.5	83.8	1882	18.4	90.0

---

① 按照 Lu（2008）的标准，这里将外资股比 25% 以上的企业定义为外资企业。

续表

年份	总产出（亿元）	#外资企业占比（%）	#非国有企业占比（%）	企业数量	#外资企业占比（%）	#非国有企业占比（%）
2003	1620	36.0	86.1	2646	18.2	92.0
2004	2790	39.8	90.6	4325	19.7	94.8
2005	2940	42.9	95.0	4125	21.0	96.2
2006	4270	48.0	94.7	4769	22.2	97.2
2007	5940	47.0	94.9	5675	21.6	97.8

资料来源：中国工业企业数据库 1998~2007 年的汽车零部件行业企业（根据 2003 年行业分类标准的变化，提取了 2002 年之前 4 位行业代码为"3727"以及 2003 年之后 4 位行业代码为"3725"的企业）。行业总产出根据当年行业产出价格指数进行了平减。

样本中企业的进入退出情况，能帮助我们了解行业的市场结构变化。我们根据 1998~2007 年零部件行业企业进入率和退出率进行了计算。从 1999 年开始，将上年未出现在数据库但当年出现的企业定义为当年新进入的企业；而从 1998 年开始至 2006 年，将当年出现在数据库但下一年未出现的企业定义为当年的退出企业。[①] 分别用 NE_t、NX_t 和 N_t 表示第 t 年的新进入企业数量、退出企业数量以及企业总数，第 t 年的进入和退出率可以用如下公式进行计算：

$$ER_t = NE_t/N_t \qquad XR_t = NX_t/N_t$$

表 4-3 给出了 1998~2007 年中国汽车零部件行业的进入率、退出率和赫芬达尔指数。中国汽车零部件的行业保持着较高的进入率、退出率，市场竞争程度持续加剧，10 年间行业的进入率和退出率都保持在 0.3 以上，2001 年之前行业的退出率高于进入率使得赫芬达尔指数持续上升，到 2001 年达到 136.71；从 2002 年开始，行业的进入企业数量开始超过退出企业数量，2004 年行业进入率达到 0.709，大量企业的进入使得市场的竞争尤为激烈，至 2007 年行业的赫芬达尔指数下降为 16.64。我们对该行业进入率和退出率，以及赫

[①] 也就是说这种定义方式下，企业存在不同年份重复进入和退出的情况，事实上工业企业数据库只对规模以上（主营业务收入 500 万元以上）企业进行了统计，如果企业某年的规模未达到统计标准，则这种情况就会发生。

芬达尔结果和李平等（2012）对我国低国有资本比重的一大类产业测算的平均值相当。李平等（2012）指出这类产业开放较早，资本和技术密度低，政府对行业的注入、投资审批等干预较少。然而，这种大规模的进入退出是否是有效率的，在缺少政府干预的情况下，进入退出带来的市场份额的重新分配是否促进了市场份额和企业绩效的高度匹配，从而推动了行业总体绩效的提升。下面的实证部分，我们将结合企业全要素生产率和利润率的计算结果回答这一问题。

表 4 - 3　1998～2007 年中国汽车零部件行业进入率、退出率和赫芬达尔指数

年份	进入率	退出率	赫芬达尔指数
1998	—	0.454	77.92
1999	0.386	0.473	93.29
2000	0.464	0.509	124.11
2001	0.613	0.427	136.71
2002	0.454	0.418	59.53
2003	0.586	0.524	22.44
2004	0.709	0.402	24.62
2005	0.373	0.320	18.40
2006	0.412	0.307	16.98
2007	0.417	—	16.64

资料来源：中国工业企业数据库 1998～2007 年的汽车零部件行业企业（根据 2003 年行业分类标准的变化，提取了 2002 年之前 4 位行业代码为"3727"以及 2003 年之后 4 位行业代码为"3725"的企业）。

五、实证结果

1. 中国汽车零部件企业的增加值和总产出生产函数

表 4 - 4 给出了利用 OP 法和 ACF 法对中国零部件行业工业增加值函数和总产出函数的估计及结果。第 1 列给出了利用 OP 法对工业增加值函数的估计

结果，函数的设定采用了式（4-3）的柯布—道格拉斯函数形式。其中劳动力和资本的系数均显著为正，并且两者之和远小于1。即从增加值产出来看，中国零部件行业呈现出明显的规模报酬递减，即劳动和资本要素投入对工业增加值创造的贡献较低，行业增加值的增长主要归因于无法观察的企业全要素生产率的增长。劳动和资本的低回报率在第2列企业的总产出函数的估计结果中同样被发现。总产出生产函数的三种要素投入劳动力、资本和中间品投入的系数之和接近1，即从总产出来看，中国零部件行业呈现出规模报酬不变的特点，不过总产出的贡献几乎全部来自中间品投入，其系数达到0.9313，这说明1998~2007年中国汽车零部件行业是典型的中国工业中高能耗的粗放型增长模式（吴敬琏，2005）。资本的系数虽然显著，但经济意义不明显：资本投入每增加10%，总产出增加仅为0.3%；劳动力的系数不显著（l）：柏培文（2012）指出，2000年前后我国出现了明显的劳动要素配置扭曲，另外部分国有企业承担着提供就业岗位，缓解就业压力的社会责任，存在高比例的冗余劳动力（Lu和Yu，2015），这些因素都使得劳动力对企业产出的贡献不显著。

　　表4-4的第3列给出了基于式（4-5）超越对数函数生产函数的估计结果：大多数变量的系数显著，这说明我国汽车零部件制造业中间品投入与总产出之间并非简单的线性关系。其中中间品投入对总产出的贡献仍然明显：中间品投入（m）和其平方项（m^2）的系数均显著为正；劳动力（l）本身的系数显著为正，而固定资本投资（k）平方项（m^2）的系数显著为正；中间品投入和劳动力的交叉项（$l \times m$）、中间品投入和固定资产投资的交叉项（$m \times k$）系数显著为负：中间品投入和其他两种要素投入之间呈现出一定的替代关系。如利润率测算方法部分所述，由于生产法对零部件利润率的测算取决于可变投入品的产出弹性和可变投入品在总产出的占比，与柯布—道格拉斯函数下可变投入品的产出弹性常数不同，超越对数生产函数使得投入品的产出弹性会随企业要素投入变化，利润率的计算更具一般性。本章对企业全要素生产率和利润率的测算和进一步分析都基于超越对数生产函数。

表 4 - 4　中国汽车零部件制造企业增加值函数和总产出生产函数估计结果

解释变量	被解释变量：工业增加值的对数	被解释变量：工业总产出的对数	
	柯布—道格拉斯生产函数	柯布—道格拉斯生产函数	超越对数生产函数
l	0.1504 ***	0.0384	0.2324 ***
	(0.0126)	(0.0657)	(0.0573)
k	0.2436 ***	0.0323 ***	0.2870
	(0.0126)	(0.0162)	(0.0545)
m	—	0.9313 ***	0.1659 **
		(0.0587)	(0.0748)
l^2		—	0.0049
			(0.0033)
k^2		—	0.0102 ***
			(0.0026)
m^2		—	0.0642 ***
			(0.0097)
$l \times k$		—	0.0060
			(0.0041)
$l \times m$		—	− 0.0333 ***
			(0.0110)
$m \times k$		—	− 0.0440 ***
			(0.0081)
观察值	28668	29679	

注：***，**，*分别代表在0.01，0.05和0.1的水平上显著。

2. 中国汽车零部件企业的全要素生产率和利润率分布

基于超越对数生产函数我们对企业的全要素生产率和利润率进行了测算。表 4 - 5 的第 2 列和第 6 列给出了样本中 1998 ~ 2007 年企业的全要素生产率和利润率的均值。不论是从全要素生产率看还是从利润率看，虽然历经了一定的波动，总体来看中国汽车零部件行业的平均绩效均有所提升：1998 年行业的平均生产率水平为 17.49，到 2003 年增长到最高的 17.79，在经历了 2004 ~ 2006 年连续 3 年的下滑之后，2007 年行业的平均生产率又小幅上升至 17.7；

行业的平均利润率则上升更加明显：1998 年平均利润率只有 0.215，2003 年增长至 0.232，经历了 2004 年的小幅下滑后，2005 年开始平均利润率稳步上升，到 2007 年行业的平均利润率达到 0.258，已经比 10 年前上升了 20%。表 4-5 的企业下四分位数、中位数、上四分位数的全要素生产率和利润率进一步反映了全要素生产率和利润率在行业的总体分布随时间变化的情况。总的来看，2004~2006 年整个行业企业生产率经历了大范围的波动，不过行业的利润率水平的大规模波动仅发生在 2004 年。另外，从企业上四分位数和下四分位数的生产率和利润率的差异来看，10 年间企业间的全要素生产率之间的差异逐渐减少，而利润率的差异却逐年扩大。

表 4-5 1998~2007 年中国汽车零部件企业全要素生产率和利润率分布

年份	全要素生产率				利润率			
	均值	下四分位数	中位数	上四分位数	均值	下四分位数	中位数	上四分位数
1998	17.49	16.84	17.51	18.20	0.215	0.150	0.176	0.235
1999	17.55	16.88	17.57	18.26	0.216	0.151	0.180	0.244
2000	17.61	16.96	17.59	18.25	0.221	0.151	0.180	0.242
2001	17.64	16.98	17.65	18.25	0.215	0.153	0.181	0.248
2002	17.75	17.16	17.74	18.34	0.226	0.155	0.189	0.260
2003	17.79	17.17	17.80	18.37	0.232	0.156	0.194	0.272
2004	17.75	17.16	17.74	18.31	0.228	0.154	0.189	0.264
2005	17.73	17.15	17.74	18.28	0.234	0.156	0.194	0.278
2006	17.69	17.16	17.73	18.26	0.246	0.159	0.206	0.299
2007	17.70	17.18	17.75	18.25	0.258	0.163	0.219	0.322

中国汽车零部件企业多元化的竞争主体使我们对不同所有制结构的零部件企业的绩效的差异充满了兴趣。对企业全要素生产率和利润率的异质性分析表明，1998~2007 年不同所有制零部件企业的绩效存在差异。表 4-6 给出了非国有企业和国有企业子样本的全要素生产率和利润率的均值和中位数。1998 年我国国有零部件制造企业的生产低效率非常明显，全要素生产率均值和中位数分别为 17.11 和 17.16，低于同期非国有企业。然而 10 年间国有企业的全要

素生产率进步明显，到 2007 年全要素生产率的均值和中位数分别达到 18.11 和 18.21，已经高于同期的非国有企业。1992 年我国进入国有企业全面改革阶段，通过对低效率的国有企业进行资产重组和结构调整，引入市场竞争机制促进企业优胜劣汰，都有利于国有企业的效率改进。从理论上看，在同一行业中，高全要素生产率的企业在相同的要素投入下，能获得更高的产出从而获得更高的利润水平，企业的全要素生产率和利润率应当表现出高度的相关性。国有企业和非国有企业的利润率水平却表明，零部件企业的全要素生产水平并没有完全反映在利润率上。尽管 1998 年我国国有零部件企业的生产率水平低于非国有零部件企业，其利润率的均值和中位数却高于非国有企业，而随着国有企业的生产率显著提升，2007 年两类企业的利润率差距进一步扩大。

表 4-6　1998~2007 年中国汽车零部件制造业生产率和

利润率异质性：国有企业和非国有企业

年份	全要素生产率				利润率			
	非国有企业		国有企业		非国有企业		国有企业	
	均值	中位数	均值	中位数	均值	中位数	均值	中位数
1998	17.63	17.60	17.11	17.16	0.205	0.174	0.239	0.189
1999	17.67	17.62	17.05	17.18	0.213	0.179	0.231	0.182
2000	17.64	17.60	17.43	17.36	0.215	0.178	0.252	0.190
2001	17.66	17.66	17.55	17.54	0.212	0.179	0.236	0.196
2002	17.75	17.74	17.68	17.83	0.224	0.188	0.245	0.208
2003	17.80	17.80	17.72	17.83	0.228	0.192	0.274	0.232
2004	17.74	17.73	17.92	18.05	0.224	0.187	0.283	0.242
2005	17.72	17.73	17.93	17.95	0.233	0.193	0.267	0.229
2006	17.69	17.72	17.77	17.93	0.245	0.204	0.289	0.252
2007	17.69	17.74	18.11	18.21	0.256	0.217	0.331	0.327

　　表 4-7 给出了内资企业和外资子样本全要素生产率和利润率的均值和中位数。1998 年我国内资零部件企业的全要素生产率与具有先进技术的外资有明显差距，内资零部件企业全要素生产率均值仅为 17.46 而外资企业平均生产

率达到 17.66；不过 10 年间内资企业的生产率进步明显，到 2007 年增长至 17.71；而外资企业在经历了 2004～2006 年的行业生产率冲击后，平均生产率到 2007 年甚至略低于 1998 年，同时也落后于同期的内资企业。这说明，随着我国经济的全面开放，FDI 的技术溢出带来了我国内资企业的生产效率的改进，而原本就具有先进技术水平的外资企业生产效率改进则较为缓慢。企业生产效率和利润率之间的不完全匹配同样体现在内资企业和外资企业中。1998 年高生产效率的外资企业的利润率达到 0.232，比同期内资企业高出 10%，而到 2007 年尽管外资企业的全要素生产率已经低于内资企业，其较之内资企业的利润优势却进一步加大，外资企业 0.321 的平均利润水平较之外资企业高出了 30%。

表 4-7　1998～2007 年中国汽车零部件制造业生产率和
利润率异质性：外资企业和内资企业

年份	全要素生产率				利润率			
	内资企业		外资企业		内资企业		外资企业	
	均值	中位数	均值	中位数	均值	中位数	均值	中位数
1998	17.46	17.50	17.66	17.70	0.212	0.173	0.232	0.201
1999	17.52	17.55	17.69	17.62	0.211	0.176	0.242	0.215
2000	17.62	17.58	17.57	17.59	0.218	0.176	0.235	0.203
2001	17.64	17.64	17.69	17.71	0.209	0.175	0.247	0.216
2002	17.74	17.73	17.76	17.79	0.215	0.183	0.272	0.238
2003	17.79	17.79	17.80	17.86	0.221	0.186	0.281	0.252
2004	17.76	17.73	17.71	17.78	0.217	0.181	0.272	0.236
2005	17.71	17.71	17.78	17.84	0.218	0.185	0.282	0.255
2006	17.71	17.71	17.64	17.80	0.230	0.190	0.305	0.280
2007	17.71	17.73	17.65	17.81	0.240	0.201	0.321	0.303

3. 进入退出和行业总量绩效

前文对企业个体的绩效考察结果表明，不论是从生产率来看还是从利润率来看，1998～2007 年中国汽车零部件企业的平均绩效虽然经历了 2004 年之后的波动,10 年间仍然有所上升,企业平均全要素生产率从 1998 年的 17.46 上升到 2007 年的 17.71;企业平均利润率上升更加明显,由 1998 年的 0.212 上升到 2007 年的 0.240,上升了 20%。尽管零部件企业的平均绩效总体呈现上升趋势,这一时期行业大规模的进入退出伴随着市场份额的重新洗牌,但仍然使我们对企业绩效与市场份额配置之间的关系充满了兴趣。政府在这一行业的进入规制较少的情况下,自由的进入退出是否促进了资源在这一行业的有效配置,使得市场份额从低绩效的企业流向高绩效的企业。本部分我们将通过考察行业的总量生产率的变化情况,回答这一问题。

具体地,我们用市场份额加权的生产率和利润率来衡量行业的总量生产率和总量利润率(Olley 和 Pakes,1996;Foster 等,2006),即第 t 年的总量生产率和总利润率可以用如下公式计算:

$$TFP_t = s_{it}TFP_{it}; \quad Markup_t = s_{it}Markup_{it}$$

其中,s_{it} 为企业 i 在第 t 年的市场份额,用其工业总产值占当年行业工业总产值的百分比衡量,TFP_{it} 和 $Markup_{it}$ 仍然表示企业 i 在第 t 年的全要素生产率和利润率。和前文给出企业简单平均值计算的行业平均绩效相比,行业总量绩效不仅受到企业个体绩效的影响,同样取决于市场份额在不同绩效企业之间的分配情况。

表 4-8 第 3 列和第 5 列给出了 1998~2007 年中国汽车零部件行业总量全要素生产率和利润率,第 2 列和第 4 列同时给出了行业的平均全要素生产率和利润率与之对比:1998~2007 年行业的总量绩效变化和平均绩效的变化趋势不尽相同,特别是在全要素生产率方面,两者的差异更加明显。行业平均生产率稳步上升的 1998~2001 年,行业的总量全要素生产率却出现了持续下滑,由 1998 年的 18.49 下降至 2010 年的 17.41;总量生产率在 2002 年和 2003 年连续两年上升后,2003 年恢复至 18.31;而 2004 年开始和行业平均生产率一起持续波动,到 2006 年下降至 17.32。由此可见中国零部件行业,大规模进入退出背后暴露出资源配置的无效性,市场份额与企业的生产效率之间发生了一定的错配;与之相比,企业的利润率和市场份额则表现出较强的相关性,1998~2007 年行业的总量利润率稳步上升,并且高于同期的行业平均利润率,这说

明，企业的利润变化和市场份额变化表现出较强的一致性。

表 4 – 8 1998～2007 年中国汽车零部件行业平均全要素生产率、
利润率和总量全要素生产率、利润率

年份	行业平均生产率	行业总量生产率	行业平均利润率	行业总量利润率
1998	17.49	18.49	0.215	0.328
1999	17.55	18.28	0.216	0.335
2000	17.61	17.82	0.221	0.333
2001	17.64	17.41	0.215	0.333
2002	17.75	17.73	0.226	0.365
2003	17.79	18.31	0.232	0.368
2004	17.75	17.74	0.228	0.378
2005	17.73	17.86	0.234	0.381
2006	17.69	17.32	0.246	0.404
2007	17.70	17.01	0.258	0.406

注：行业平均全要素生产率（利润率）为所有企业全要素生产率（利润率）的简单平均，总量全要素生产率（利润率）为所有企业全要素生产率（利润率）按市场份额加权平均。

1998～2007 年行业总量生产率持续下降的原因是什么呢？企业的大规模进入退出是否对行业总量生产率产生了影响。表 4 – 9 计算了每年新进入企业、在位企业和退出企业的全要素生产率和利润率。其中第 2～4 列给出了每年新进入企业、在位企业和退出企业的全要素生产率，尽管进入企业的平均生产率在大多数年份高于退出企业的平均生产率，但仍低于在位企业的平均生产率，即优胜劣汰的市场机制淘汰了大量的低效率企业，但行业较低的进入门槛同样使得大量低效率的企业进入，后者在一定程度上解释了行业总量生产率的下降。第 5～7 列给出了每年新进入企业、在位企业和退出企业的利润率。考虑到市场地位的建立往往需要一定时间的积累，进入的利润率明显低于在位企业仍然符合我们的预期，不过在 1998～2002 年，退出企业的平均利润率同样高于在位企业，说明这一时期市场中发生了一定的无效退出。

表 4 - 9 1998 ~ 2007 年中国汽车零部件行业进入、
在位和退出企业全要素生产率和利润率

年份	全要素生产率			利润率		
	进入企业	在位企业	退出企业	进入企业	在位企业	退出企业
1998	—	17.58	17.38	—	0.210	0.221
1999	17.45	17.62	17.42	0.218	0.215	0.219
2000	17.56	17.66	17.54	0.222	0.220	0.230
2001	17.59	17.73	17.48	0.213	0.218	0.215
2002	17.60	17.87	17.60	0.219	0.231	0.228
2003	17.68	17.95	17.72	0.226	0.241	0.231
2004	17.68	17.91	17.65	0.221	0.244	0.225
2005	17.59	17.81	17.57	0.228	0.238	0.226
2006	17.53	17.80	17.58	0.236	0.253	0.243
2007	17.57	17.78	—	0.239	0.271	—

企业的无效进入退出以及市场份额在在位企业中的无效配置分别对总量生产率的贡献如何，则需要我们进一步对总量生产率进行分解。另外，我们参考 Foster 等（2006）的方法对 1999 ~ 2007 年的总量生产率变化进行分解：

$$\Delta TFP_t = \sum_{i \in C} s_{it-1} \Delta TFP_{it} + \sum_{i \in C} \Delta s_{it} (TFP_{it-1} - TFP_{t-1}) + \sum_{i \in C} \Delta s_{it} \Delta TFP_{it} +$$

$$\sum_{i \in N} s_{it} (TFP_{it} - TFP_{t-1}) - \sum_{i \in X} s_{it-1} (TFP_{it-1} - TFP_{t-1}) \qquad (4-6)$$

其中，C、N、X 分别为当年在位企业，新进入企业和退出企业组成的集合，式（4-6）中的前三项表示了在位企业市场份额在不同生产率企业之间的重新分配对行业总量生产率的影响，其中第一项假设在位企业的市场份额没有变化，单纯的生产率增长带来了行业总量生产率的增长；第二项假设在位企业的生产率没有变化，单纯的市场份额的重新配置带来了总量生产率的变化；第三项反映了在位企业的市场份额与生产率是否发生了同向变化；式（4-6）第四项关注了新进入企业的生产率对总量生产率的贡献，如果新进入的企业的生产率高于上一期的总量生产率则这一项为正；第五项关注了退出企业的生产率对总量生产率的贡献，如果退出企业的生产率高于总量生产率，则这一项为正。

表4-10第2~6列给出了基于式（4-6）对行业总量生产率变化进行分解的结果，其中第2列给出了行业当年总量生产率，第3列表示当年总量生产率相对于上一年的变化，第4列给出了前三项之和即在位企业之间市场份额重新配置导致的总量生产率变化，第5列和第6列分别对应式（4-6）的第4、第5项，即进入和退出企业对总量生产率的变化。总的来说，总量生产率下滑的原因在不同年份间存在差异，以下降最多的2004年为例，总量生产率下降了0.57，其中主要来自低效率企业的进入，事实上从表4-3中我们看到2004年行业的进入率高达0.709，大量低效企业的进入占据了一定的市场份额，拉低了行业的总量生产率。而市场份额在企业之中分配的无效性是2006年总量生产率大幅下降的主要原因。总的来看，市场份额在在位企业中的无效分配主要发生在样本初期的1998~2001年、2006年和2007年，低效企业的无效进入则在2004年较为严重，2001年发生了较为严重的高效率企业的退出。

表4-10　1998~2007年中国汽车零部件制造业总量生产率分解

年份	总量生产率	总量生产率变化	在位企业 （1）＋（2）＋（3）	进入企业	退出企业
1998	18.49	—	—	—	—
1999	18.28	-0.21	-0.23	-0.01	-0.04
2000	17.82	-0.46	-0.41	0.01	0.06
2001	17.41	-0.40	-0.31	0.23	0.32
2002	17.73	0.32	-0.11	-0.09	-0.52
2003	18.31	0.58	0.1	0.18	-0.30
2004	17.74	-0.57	-0.05	-0.57	-0.04
2005	17.86	0.13	-0.06	0.08	-0.11
2006	17.32	-0.54	-0.34	-0.17	0.03
2007	17.01	-0.31	-0.26	-0.05	0.01

将式（4-6）的全要素生产率换成企业的利润率，同样可以对行业的总利润率进行类似的分解，即

$$\Delta Markup_t = \sum_{i \in C} s_{it-1} \Delta Markup_{it} + \sum_{i \in C} \Delta s_{it}(Markup_{it-1} - Markup_{t-1}) +$$
$$\sum_{i \in C} \Delta s_{it} \Delta Markup_{it} + \sum_{i \in N} s_{it}(Markup_{it} - Markup_{t-1}) -$$
$$\sum_{i \in X} s_{it-1}(Markup_{it-1} - Markup_{t-1}) \qquad (4-7)$$

表4-11给出了对行业总量利润率分解的结果，其中第2、第3列分别为当年总量利润率和总量利润率相对上一年的变化，第4~6列分别对应在位企业市场份额的重新分配，进入企业和退出企业对总量利润率变化的贡献。1998~2007年，中国汽车零部件行业的总量利润率总体逐年上升，只在2000年发生了一次下滑，其主要归因于市场份额在不同企业之间的无效配置和低利润率企业的进入。此外2001年一些高利润企业的无效退出阻碍了当年行业总量利润率的上升。在其他年份，虽然低利润企业的进入和高利润企业的退出时有发生，但总的来说，市场份额在不同利润企业之间的分配是有效的，且推动了行业总量利润率的上升。

表4-11 1998~2007年中国汽车零部件制造业总量利润率分解结果

年份	总量利润率	总量利润率变化	在位企业 （1）+（2）+（3）	进入企业	退出企业
1998	0.328	—	—	—	—
1999	0.335	0.007	0.004	-0.007	-0.011
2000	0.333	-0.001	-0.003	-0.003	-0.005
2001	0.333	0.000	0.004	0.004	0.008
2002	0.365	0.032	0.013	0.016	-0.003
2003	0.368	0.003	0.01	0.003	0.010
2004	0.378	0.010	0.005	0.004	0.001
2005	0.381	0.003	0.009	-0.002	0.003
2006	0.404	0.022	0.008	0.009	-0.005
2007	0.406	0.002	0.008	-0.007	0.000

总的来说，从行业总量生产率反映出的市场份额在不同效率的企业之间的分配来看，市场资源配置的无效性仍然存在。较高的生产效率并没有帮助在位企业获得较高的市场份额。另外，较为宽松的政策环境下大量的企业进入退出激发了市场的活力，较低的行业进入门槛也导致大量低效率的企业进入市场，并占据了一定的市场份额，且拉低了行业总体全要素生产率，这一现象在行业进入率高达 0.709 的 2004 年尤为严重，最终表现为行业的总量生产率在大多数年份中出现了波动。相比之下，企业的利润率与市场份额变化之间表现出较强的一致性，行业的市场份额向高利润率的企业流动，并拉动了行业总量利润率的上升，正如产业组织理论所预期的那样，利润率而非生产效率似乎是更直接影响企业市场份额和进入退出的因素。这一结果同样说明中国汽车零部件企业的利润率似乎并不完全由生产率决定。而在前文中我们同样发现，与民营企业和内资企业相比，低生产率的国有企业和外资企业却可能享有更高的利润率，即国有企业和外资企业享有明显的利润优势。在本章的最后，我们通过对国有企业和外资企业的利润优势来源进行分析，找出影响企业利润率的主要因素。

4. 进一步讨论：外资零部件企业和国有零部件企业利润率优势来源

全要素生产率测算部分利用生产率和利润率的双重视角对企业绩效异质性分析的结果表明，中国汽车零部件行业企业的利润率似乎并不完全由生产率决定。一方面说明，从多角度对企业绩效衡量是有必要的，另一方面也使我们对国有汽车零部件企业的利润优势和外资汽车零部件企业利润优势的原因产生了兴趣。DeLoecker 和 Goldberg（2014）指出，企业的利润不仅由企业的投入产出决定，还受市场需求的影响，另外企业的产品差异化能力以及市场势力都能反映到企业的利润率中。因此我们感兴趣的是，除了生产效率，还有哪些因素造成了国有汽车零部件企业和外资汽车零部件企业的利润优势。例如国有企业和外资企业的利润优势是否来自政府长久以来对国有企业的保护以及招商引资方面的政策倾斜，抑或是来自于企业本身的更高的技术水平下的产品差异化能力？为了回答这些问题，我们用下面的计量模型对企业利润率进行解释：

$$\ln Markup_{it} = \beta_0 + \beta_1 \ln(TFP)_{it} + \beta_2 SOE_{it} + \beta_3 SOE_{it} \times subside_{it} + \beta_4 subside_{it} +$$

$$\beta_5 FOE_{it} + \beta_6 FOE_{it} \times taxholidy_{it} + \beta_7 \times taxholidy_{it} + \beta_8 \ln MkSize_t +$$
$$\beta_9 \ln HHI_t + \beta_{10} a_{it} + \beta_{11} l_{it} + \varepsilon_{ijt} \tag{4-8}$$

其中，被解释变量$\ln Markup_{it}$为企业i在第t年利润率的对数，右边的解释变量中$\ln(TFP)_{it}$表示企业i在第t年全要素生产率的对数。解释变量SOE_{it}和FOE_{it}表示企业i在第t年是否为国有企业和外资企业的哑变量，SOE_{it}（FOE_{it}）取值为1，表示企业为国有（外资）企业，我们用两个政策哑变量$subside_{it}$和$taxholidy_{it}$反映企业当年是否受到政府的财政补贴和税收减免政策优惠，下面对这两个变量的定义进行说明。

长久以来，财政补贴（Subside）和税收减免（Tax Holiday）是我国政府干预经济的重要政策手段，不过两者的目的和主要的受益对象存在差异。我国政府的财政补贴除对销售价格低于成本价的农副产品或工业品的企业进行补偿外，还承担着补偿由于政策原因发生亏损的国有企业的功能，事实上每年对国有企业的亏损补贴占据了政府财政补贴的绝大部分[①]；税收减免是我国各级政府招商引资，支持地区和产业发展的重要手段，包括外资企业、重点扶持行业企业、经济开发区企业在内的大量企业在税收减免政策下，享受到了低于法定税率的实际税率，大量的外资企业在中国投资建厂的过程中享受到了政府的税收减免政策。对企业是否享受了财政补贴和税收减免政策的定义和Aghion等（2015）、Du等（2014）一样：如果企业当年的补贴收入大于0，就认为这家企业当年享受了政府的财政补贴，此时哑变量$subside_{it}$取值为1，反之为0；如果零部件企业当年实际缴纳的所得税税率低于法定税率[②]，就认为这家企业当年享受了税收减免政策，此时哑变量$taxholiday_{it}$取值为1，反之为0。

表4-12给出了1998~2007年中国零部件行业以及不同类型企业中受政府财政补贴和税收减免政策的企业比例。其中第2列给出了所有零部件企业中

---

① 以2014年上半年为例，我国所有上市公司获政府补贴金额总计323.46亿元，其中国有企业获得的补贴占其中的61.64%。http://news.xinhuanet.com/fortune/2014-10/10/c_127079629.htm。

② 2002~2007年，根据《中华人民共和国企业所得税暂行条例》规定：应纳税所得额在3万元（含3万元）以下的内资企业，按18%的税率征收所得税；应纳税所得额在10万元（含10万元）以下至3万元的内资企业，按27%的税率征收所得税；应纳税所得额在10万元以上的内资企业按33%的税率征收所得税。外资企业则按30%的税率征收所得税。

受财政补贴的企业占比，第3~6列分别给出了国有企业、非国有企业、外资企业和内资企业子样本中受补贴企业占比：1998~2007年受财政补贴的零部件企业占零部件企业总数的11.4%~16.3%，其中国有企业子样本中受补贴企业比例明显高于其他类型企业，在2007年其比例更是高达36.2%，明显高于行业平均水平的16.3%；第7~11列则给出了全样本以及不同类型零部件企业子样本中受税收减免企业占比：1998~2007年不论是在整个行业、国有企业子样本、非国有企业子样本还是内资企业子样本中，受税收减免的企业比例都维持在50%左右，而在外资企业中，这一比例一直保持在66%以上。总的来说，财政补贴政策对国有企业的倾向性以及税收减免政策对外资企业的倾向性非常明显。基于此我们分别用财政补贴政策和税收减免政策来反映政府对国有企业和外资企业的政策倾向性。我们将哑变量$subside_{it}$、$taxholidy_{it}$以及他们与国有企业和外资企业哑变量的交叉项$SOE_{it} \times subside_{it}$和$FOE_{it} \times taxholidy_{it}$加入式（4-8）的右边，反映政府对两类企业的政策倾斜以及对它们利润率优势的贡献。

表4-12 1998~2007年中国汽车零部件行业以及不同所有制结构

零部件企业受财政补贴和税收减免企业比例 单位:%

年份	财政补贴政策					税收减免政策				
	所有企业	国有企业	非国有企业	外资企业	内资企业	所有企业	国有企业	非国有企业	外资企业	内资企业
1998	11.4	15.0	10.1	8.6	11.8	45.4	41.3	47.0	67.4	42.5
1999	11.8	15.8	10.8	6.3	12.8	48.9	43.4	50.3	66.7	45.4
2000	13.2	20.2	12.0	10.2	13.9	50.2	45.2	51.1	73.4	45.1
2001	13.3	14.7	13.1	12.6	13.5	51.3	54.4	50.8	75.1	46.6
2002	14.4	19.7	13.8	15.9	14.1	51.3	50.0	51.4	80.1	44.8
2003	16.1	19.9	15.8	15.6	16.2	48.7	49.8	48.6	78.6	42.1
2004	16.1	16.6	16.0	21.5	14.7	44.0	43.9	44.1	69.8	37.7
2005	16.8	19.6	16.7	21.4	15.5	49.5	49.4	49.5	73.2	43.2
2006	17.0	26.3	16.7	22.2	15.5	49.5	53.4	49.4	70.3	43.6
2007	16.3	36.2	15.9	21.4	14.9	54.2	54.3	54.2	77.4	47.8

式（4-7）中其他的控制变量包括市场的特征，其中包括市场的规模（$\ln MkSize_t$，用第 t 年样本中所有零部件企业的总产出的对数衡量）、竞争激烈程度（赫芬达尔指数衡量（$\ln hhi_t$））；这两个变量能够反映市场的需求因素对企业利润率的影响；另外我们还控制了企业的特征对其利润率的影响，包括年龄的对数（a_{it}），企业规模用职工数量的对数衡量（l_{it}），为了控制当年的其他因素对企业利润率的影响，式（4-8）右边同时加入了年份的固定效应。式（4-8）是我们的主要模型，在稳健性检验中，我们将企业的国有资本比例（$StaSh_{it}$）和外资比例（$ForSh_{it}$）对国有企业的哑变量（SOE_{it}）和外资企业哑变量（FOE_{it}）进行替换。表 4-13 给出了变量的描述性统计。

表 4-13 变量描述性统计

变量符号	变量含义	观测值	均值	标准差	最小值	最大值
ln（Markup）	企业利润率的对数	29671	-1.536	0.400	-6.350	1.094
ln（TFP）	企业全要素生产率的对数	29679	2.871	0.061	1.301	3.598
SOE	企业是否为国有企业哑变量	29679	0.074	0.261	0	1
FOE	企业是否为外资企业哑变量	29679	0.196	0.397	0	1
StaSh	企业国有资本股份比	29591	0.070	0.240	0	1
ForSh	企业外国资本股份比	29591	0.150	0.326	0	1
subfirm	企业是否享受了政府补贴哑变量	29679	0.155	0.362	0	1
taxholiday	企业是否受到了税收减免哑变量	29679	0.495	0.500	0	1
ln（MkSize）	行业总产出的对数（千元）	29679	19.296	0.731	18.044	20.202
ln（HHI）	行业赫芬达尔指数对数	29679	3.384	0.736	2.812	4.918
a	企业年龄的对数（年）	29679	2.003	0.902	0	4.644
l	企业从业人员的对数（人）	29679	4.885	1.023	2.398	9.963

表 4-14 给出了式（4-8）回归的结果，列 1 将企业是否为国有企业（SOE）和是否为外资企业（FOE）的哑变量作为解释变量，两个变量的系数均显著为正，说明在中国汽车零部件制造业，国有企业和外资企业的利润优势确实显著存在，在生产效率、年龄、规模都相同的情况下，国有企业比非国有企业的利润率高出 9.28%，外资企业比与内资企业利润率高出 19.53%；列 2

将企业的国有资本比例（*StaSh*）和外资资本比例（*ForSh*）作为解释变量，两个变量的系数均显著为正：企业的利润率随着国有资本比例和外资资本比例的上升而上升：国有资本比例每上升10%，企业的利润率上升1.21%；外资资本比例每上升10%，企业的利润率上升2.38%。

表4-14的列3是我们的主要模型。这一模型在列1的基础上，加入了财政补贴政策哑变量（*Subside*）、税收减免政策哑变量（*Taxholiday*）、国有企业哑变量与财政补贴政策哑变量的交叉项（*SOE × subside*）以及外资企业哑变量与税收减免政策哑变量的交叉项（*FOE × taxholiday*）考察国有企业和外资企业的利润优势在多大程度上来自政府对这两类企业的政策支持。财政补贴和税收减免政策的系数均显著为正，说明两类政策确实给企业带来了更高的利润率，国有企业哑变量与财政补贴政策哑变量的交叉项显著为负：享受财政补贴的国有企业的利润率比没有享受财政补贴的国有利润率低9.55%，原因在于我国国有企业的财政补贴本身就作用于亏损的国有企业，这些企业的利润本身较低；由此可见财政补贴并没有导致国有企业的较高利润率，国有企业利润率还需要从他们享受的其他的资源优势中解释；外资企业哑变量本身，以及外资企业哑变量与税收减免政策哑变量的交叉项均显著为正：政策补贴对外资企业的利润优势贡献明显，在其他条件相同的情况下，享受税收减免的外资企业利润率比没有享受税收减免的外资企业利润率高出9.88%，享受税收减免的外资企业比内资企业利润高出20.14%，未享受税收减免的外资企业比内资企业利润仅高出12.44%，由此可见外资企业的利润优势中的38%能被对外资倾向明显的税收减免政策解释，而剩下的62%可能来自外资企业的技术优势等其他因素。事实上，在列4的稳健性检验结果中，企业外资股份比例的系数显著为正，即企业的利润率会随着外资比例的上升而上升，由于外资比例高的企业往往具有更先进的技术，其产品差异化能力也往往越高，这能在一定程度上解释其更高的利润率。列3的其他变量均显著，全要素生产率的对数 [ln（*TFP*）] 系数显著为正，企业的生产率确实是企业的利润率的重要影响因素：全要素生产率每上升1%，企业的利润率上升2.47%；企业的规模 [ln（*TFP*）] 系数显著为正，但在经济意义上对企业影响不大：以从业人数衡量的企业规模每扩大

10%，企业的利润率上升1%；企业的年龄（ln（age））的系数显著为负但同样经济意义不显著：企业的年龄每增大10%，利润率下降0.2%，这验证了 Majumdar（1999）发现的企业年龄与利润率之间的负相关性，进入市场已久的企业更难灵活地把握消费者的需求，使得其利润率低于行业的后进入者。两个市场层面的控制变量赫芬达尔指数对数（lnhhi）和市场规模对数（lnmaketsize）的系数均显著为正，这与直觉相符合：较高的市场垄断程度和较大的市场需求都能提高企业的定价能力与提升其利润率。为进行稳健性检验，列4中将列3中的国有企业哑变量和外资企业哑变量换成了国有企业资本股比和外资股比，其结果与列3差别不大。总的来说，我们发现中国零部件制造企业中外资和国有企业显著的利润优势确实存在，并且外资企业的利润优势在很大程度上来自于国家对外资明显倾斜的税收补贴政策。

表4-14 全要素生产率、所有制结构与利润率

解释变量	被解释变量：利润率的对数 ln（Markup）			
	列1	列2	列3	列4
ln（TFP）	2.5024 ***	2.5249 ***	2.4679 ***	2.4893 ***
	(0.1283)	(0.1296)	(0.1272)	(0.1284)
SOE	0.0928 ***		0.1088 ***	
	(0.0106)		(0.0118)	
FOE	0.1953 ***		0.1244 ***	
	(0.0056)		(0.0090)	
StaSh		0.1211 ***		0.1434 ***
		(0.0121)		(0.0136)
ForSh		0.2376 ***		0.1468 ***
		(0.0070)		(0.0108)
lnage	-0.0209 ***	-0.0232 ***	-0.0211 ***	-0.0233 ***
	(0.0024)	(0.0024)	(0.0024)	(0.0024)
lnl	0.0975 ***	0.0973 ***	0.0953 ***	0.0947 ***
	(0.0042)	(0.0043)	(0.0042)	(0.0042)

续表

解释变量	被解释变量：利润率的对数 ln（Markup）			
	列 1	列 2	列 3	列 4
lnhhi	0.0889 ***	0.0894 ***	0.0764 **	0.0753 **
	（0.0303）	（0.0304）	（0.0302）	（0.0302）
lnmaketsize	0.1537 ***	0.1532 ***	0.1429 ***	0.1413 ***
	（0.0225）	（0.0225）	（0.0224）	（0.0224）
SOE × subside			− 0.0822 ***	
			（0.0236）	
StaSh × subside				− 0.1110 ***
				（0.0256）
subside			0.0157 ***	0.0182 ***
			（0.0052）	（0.0052）
FOE × taxholiday			0.0770 ***	
			（0.0111）	
ForSh × taxholiday				0.1028 ***
				（0.0136）
taxholidy			0.0468 ***	0.0498 ***
			（0.0042）	（0.0042）
N	29671	29583	29671	29583
R²	0.331	0.331	0.338	0.339

六、结论与政策建议

本章利用 1998～2007 年中国工业企业数据库中的汽车零部件企业数据，对中国汽车行业发展最快的 10 年间生产函数进行估计，并在此基础上测算出企业的全要素生产率，同时利用产业组织前沿的生产法对企业的利润率进行了测算，从而从全要素生产率和利润率的双重视角对企业的绩效变化进行了度量。结合企业的进入退出和市场结构变化，我们分析了企业的大规模进入退出对行业总量绩效的影响。最后我们尝试对所发现的国有企业和外资的利润优势做出了解释。

我们的实证结果显示：①不论是从全要素生产率来看还是从利润率来看，虽然期间历经一定的波动，但 1998～2007 年中国零部件企业的平均绩效仍然出现了明显的上升，特别是行业的利润率上升幅度达到 20%；从企业间的绩效差异来看，企业之间的全要素生产率差异逐年缩小，利润率差异却进一步扩大。②不同所有制结构的企业绩效变化存在明显差异，国有企业和内资企业的全要素生产率绩效进步明显大于非国有企业和外资企业；国有企业和外资的利润率进步明显高于非国有企业和内资企业。③从市场份额加权的行业总量绩效变化来看，行业资源配置出现了一定的无效性：较低的进入门槛导致了大量低生产效率企业的进入，并占据了一定市场份额，拉低了行业总量生产率，另外在位企业之间的市场份额和生产效率之间的错配同样存在，市场份额并没有从低效率的企业向高效率的企业有效流动；相比之下，企业的利润率与市场份额变化之间表现出较强的一致性，市场份额向利润率高的企业流动，拉动了行业总量利润率的上升。④国有企业和外资企业的利润优势无法完全从生产效率解释，在生产效率、年龄、规模都相同的情况下，国有企业比非国有企业的利润率高出 9.28%，外资企业比与内资企业利润率高出 19.53%。⑤国家对外资倾斜的招商引资政策对外资企业的利润优势贡献明显，以受益面较广的税收减免政策为例，外资企业的利润优势中的 38% 能被这一政策解释。

作为全书核心内容的初始章节，本章为全书描绘出一幅中国零部件行业发展的概况图。总的来看，1998～2007 年既是中国汽车行业发展最为迅速的 10 年，也是中国汽车零部件行业规模持续扩张，企业大规模进入退出，市场竞争程度不断加剧，企业生产率和利润率明显提升的 10 年。然而背后的问题也同样存在：尽管利润率和市场份额之间的较为一致的匹配说明市场的优胜劣汰机制仍然发挥了作用，低进入门槛仍然导致了低生产效率企业的无效进入，另外在位企业之中生产效率和市场份额的不匹配也大量存在，导致了行业总量生产率的下降。另外国有企业和外资企业的利润优势表明，市场竞争的公平性同样有待进一步提升。

尽管我国产业政策常常被批评过度干涉了市场的自由竞争，（李晓萍和江飞涛，2010）。作为政府产业政策干涉较少的行业，自由竞争却带来了企业的过度进入和低效进入，也带来了市场资源配置的无效性。另外，虽然政府的税收减免政策在招商引资和支持重点行业发展等方面发挥了重要作用，却不利于一个公平的市场竞争环境的形成，一些企业高利润的获得在很大程度上就依赖于政府的政策优惠而非自身的生产效率提升。因此，政府的产业边界究竟在哪里，政府究竟该选择何种规模和强度的产业政策保证市场竞争的有效和公平，都是政府今后产业政策制定中应该思考的问题。

本章主要关注了行业的平均总体绩效的动态变化。总体绩效变化的背后是企业个体微观绩效的改变。下一章将进一步对零部件企业个体生产率变化的原因展开讨论。围绕着零部件行业和下游整车行业的 FDI 在这 10 年间的显著增长，我们重点从 FDI 的横向和纵向技术溢出效应实证分析 FDI 的技术溢出对零部件企业个体生产率的影响，并分析汽车工业国产化政策在这一过程中的作用。

第五章 零部件行业绩效变化 II：
FDI 技术溢出、国产化
政策和企业生产率进步①

一、引言

上一章的分析表明，从企业的生产率均值和分位数来看，零部件行业平均的生产率在 10 年间仍然呈现出明显的上升趋势。这一背后是企业微观个体生产率的明显提升，这些零部件企业的生产率进步背后的原因是什么呢？本章将给出这一问题的答案。审视我国汽车零部件工业乃至整个汽车行业的发展模式，不难发现我国零部件是伴随着整个汽车行业的对外开放和国产化政策发展起来的。所谓国产化政策（Local Content Requirement）是指政府对企业中间投入品的本地化供应比例存在一定的要求，不符合要求的厂商进口中间投入品将被征收较高的惩罚性关税（Grossman，1981）。中国汽车工业的起步也曾借鉴了汽车强国的发展经验，其中国产化政策于 2002 年一度被废除，但 2005 年利

---

① 本章主要内容以《国产化政策与全要素生产率》为题发表于《财经研究》2017 年第 43 卷第 4 期，作者：谭诗羽、吴万宗、夏大慰。

用"整车特征"再次变相实施了国产化政策。为什么各国政府迟迟不愿抛弃国产化政策？在贸易自由化背景下，这一产业政策的实施效果如何？本章以2005年中国汽车工业国产化政策为背景，研究这一政策变化对上游汽车零部件制造企业全要素生产率（TFP）的影响，以及同一时期的税收减免（Tax Holiday）政策在其中的作用。本章的创新之处在于更多地关注中间品对最终产品质量、创新以及生产效率影响的研究，本章从汽车产业链下游的国产化政策切入，考察上游零部件厂商的效率问题，对国产化政策效果的评估、对我国工业进一步调整结构、装备制造业创新发展具有重要意义。

改革开放以来，中国整车制造业取得了令人瞩目的成绩，作为汽车工业基石的零部件制造业发展却相对滞后。零部件制造业面临着市场集中度低、规模经济缺乏、经济效益差、核心技术缺失等诸多问题，已经成为汽车工业发展的制约因素。然而，政府和学界都未对汽车零部件制造业发展表现出足够的重视。在整车制造领域，政府除了制定进入准入、投资规模等产业组织政策，还利用股比限制、自主产品采购政策鼓励整车产业的自主发展；相比之下，专门针对汽车零部件制造业的政策却较为缺乏。而旨在实现汽车本土化生产的国产化政策，则被认为是对汽车零部件制造业影响较大的产业政策（陈光祖，2014）。因此，实证分析这一产业政策对汽车零部件企业生产率的影响，对中国汽车零部件制造业乃至整个汽车工业的发展具有现实的指导意义。虽然理论围绕着国产化政策对中间品部门的产出、租金分配、东道国福利以及技术进步的影响展开了丰富的探讨（Vousden，1987；Mussa，1984），但是相关的实证研究却较为稀缺（付明卫等，2015）。关于产业政策有效性的争论同样较少地关注国产化政策，以不同国家为背景的经验分析发现：政府对企业的选择性补贴不一定有利于企业生产率的提升（Harris和Robinson，2004；Bernini和Pellegrini，2011；Kiyota和Okazaki，2010）。我国的产业政策同样饱受争议：定性研究表明，政府的产业政策存在干预市场限制竞争（江飞涛和李晓萍，2010）、重供给轻消费（尹栾玉，2010）、忽视自主创新（张大蒙和李美桂，2015）等问题，从而导致了企业的低效率生产和技术落后（刘冰和马宇，2008；尹栾玉，2010）。

由此可见，对产业政策特别是较少受到关注的国产化政策的有效性，都有待于进一步研究。本章利用 2002～2007 年中国汽车零部件规模以上企业的微观数据，实证分析汽车和零部件厂商之间的纵向溢出作用，以及 2005 年国产化政策的再实施对零部件企业生产率的影响及其影响机制。我们的结果表明，FDI 的纵向技术溢出是中国零部件企业生产率提升的重要因素。合资整车企业对零部件进行本土采购的过程中，为使上游零部件供应商的产品达到供应要求，整车厂商需要对其进行技术和人员培训，这其中的技术溢出促成了本土零部件企业生产率的提升。特别是 2005 年的国产化政策重新实施后，纵向技术溢出对本土零部件企业生产率的提升作用更加明显，另外通过保证市场规模，国产化政策还给零部件企业提供了干中学积累经验的机会，增大了企业的投资回报率，这些都有助于企业的技术提升；不过国产化政策实施短期内市场垄断程度的上升，同样使在位企业失去通过改进生产效率降低成本的动力。国产化政策对企业生产率的影响方式在不同所有制结构的企业之间存在差异：内资企业、非国有企业更多地从整车厂商的技术溢出中获益，而外资企业则更多地从市场规模的扩大中获益，国产化政策对国有企业的生产率影响不显著。另外国产化政策与同一时期税收减免政策之间发生了互补：在国产化政策下，受税收减免的 FDI 向本土零部件企业发生了更多的技术转移。

总的来说，本章为全书描绘了中国汽车行业发展最为迅速的 10 年，汽车零部件企业生产率逐步提升、中国汽车零部件体系初步形成的一幅图景：在我国汽车工业国产化政策下，跨国整车厂商相继在中国合资建厂，扩大了对本土零部件供应的要求，这一过程中的纵向技术溢出，市场规模扩大的干中学效应，以及企业自身投资激励的增强带来了本土零部件企业生产率的提升，使得本土零部件行业具备了初步的配套能力。

本章的现实意义体现在以下几方面：首先，厘清企业生产率变化背后的原因，对旨在提高企业全要素生产率的供给侧改革具有重要的指导意义：引进外资对本土企业的技术进步仍然具有重要意义，考虑到纵向溢出对本土企业生产率提升的重要作用，促进产业链上下游之间技术资源和要素的有效流动是供给侧改革应该关注的方向之一。其次，由于针对汽车零部件制造业的政策本身较为缺乏，而旨在实现汽车本土化生产的国产化政策，是对汽车零部件制造业影响较大的产业政策（陈光祖，2014），实证分析这一产业政策对汽车零部件企业生产率的影响，不仅对中国汽车零部件制造业乃至整个汽车工业的发展具有现实的指导意义，也能够加深我们对当前颇受争议的产业政策有效性这一问题的认识：有效的产业政策应当在保证市场竞争性的前提下，发挥其激励作用，并激发企业提升效率。最后，在产业政策频出的背景下，对国产化和税收减免政策组合效果的评估对政府今后产业政策的制定同样具有启示性：产业制定应该重视政策工具在不同阶段的有机组合，取长补短，使各产业政策形成合力而保证企业的效率提升。

本章的结构安排是：第二部分结合 WTO 前后的外资进入情况和汽车工业国产化政策对行业背景进行了介绍；第三部分对计量模型、变量和数据进行了说明；第四部分基于主要计量结果分析了 FDI 技术溢出对零部件企业生产率的影响，以及国产化政策在其中起到的作用，并在此基础上进一步讨论了国产化政策与同一时期的税收减免政策之间的关系；第五部分是本章的结论和相关政策建议。

二、行业背景：加入 WTO 前后汽车工业的外资进入和汽车工业国产化政策

1. 加入 WTO 前后汽车工业的外资进入和汽车零部件行业的技术进步

1998～2007 年我国汽车零部件工业的迅速发展离不开加入 WTO 前后整个经济环境的逐渐开放。汽车工业同样经历了 FDI 迅速增长，在产业政策的要求下，各大主要跨国汽车制造纷纷通过与大型国有集团建立合资整车制造企业进入我国汽车市场。表 5-1 的第 2 列和第 3 列给出了 1998～2007 年我国整车行业外资企业数量比例和总产出比例。2000 年外资的进入达到高峰，整车外资企业比例达到 19.2，而这些企业当年总产出占到行业总产出的 70.6%。随整

车厂商一同进入的还有配套的外资零部件企业，表 5 - 1 的第 3 列和第 4 列给出的零部件行业外资企业数量比例和总产出比例显示 2000 年外资零部件企业数量和总产出占比分别达到 19.1% 和 31.3%。到 2006 年，外资已经成为我国汽车工业的重要组成部分，整车行业和零部件行业的外资企业数量均超过 20%，总产出均接近行业的 50%。和汽车行业 FDI 一同增长的还有上游零部件企业的生产效率，表 5 - 1 的第 6 列和第 7 列给出了 1998 ~ 2007 年零部件企业全要素生产率对数的平均值和人均增加值对数的平均值。10 年间，零部件行业平均全要素生产率[①]对数和平均劳动生产率[②]对数分别增长了 10.6% 和 32.6%。已有研究表明，FDI 的技术溢出（Konings，2001；杨红丽和陈钊，2015）能显著影响企业的技术进步。下一部分我们将利用实证模型分析在汽车零部件制造业，企业生产效率的提升多大程度上能使 FDI 的技术溢出解释。

表 5 - 1   1998 ~ 2007 年中国汽车工业外资企业规模和零部件企业生产率变化

年份	整车行业外资企业比例（%）	整车行业外资企业产出比例（%）	零部件行业外资企业数量比例（%）	零部件行业外资企业产出比例（%）	零部件企业平均全要素生产率对数	零部件企业平均劳动生产率对数
1998	12.6	28.0	12.7	26.0	5.94	3.34
1999	14.2	38.7	16.9	33.1	5.98	3.46
2000	19.2	70.6	19.1	31.3	6.06	3.61
2001	13.3	46.2	17.1	32.2	6.11	3.70
2002	16.8	40.0	18.6	33.1	6.24	3.82
2003	17.6	23.7	18.4	32.9	6.30	3.91
2004	19.3	51.2	19.5	39.3	6.18	3.92
2005	21.7	36.4	20.9	36.9	6.30	4.05
2006	22.8	48.3	22.1	45.9	6.45	4.24
2007	21.4	43.0	21.7	48.0	6.57	4.43

资料来源：中国工业企业数据库 1998 ~ 2007 年的汽车零部件行业企业（根据 2003 年行业分类标准的变化，提取了 2002 年之前 4 位行业代码为 "3727" 以及 2003 年之后 4 位行业代码为 "3725" 的企业）。行业总产出根据当年行业产出价格指数进行了平减。

---

① 本章的全要素生产率的计算基于工业增加值生产函数计算。
② 劳动生产率用企业的工业增加值和劳动力数量之比衡量。

2. 中国汽车工业国产化政策

在政府干预经济较多的我国，任何行业的发展都与其背后的政策环境息息相关。相对于整车行业，政府为汽车零部件行业的发展提供了相对宽松和自由的发展环境，这个行业发展同样在相当长的时间内受到了我国汽车工业的国产化政策的影响。通过限制本土企业的进口零部件比例，这一政策保障了我国本土零部件的市场规模。与大多数后发国家一样，在改革开放之初，中国的汽车工业选择了"KD（散件进口组装）＋国产化"的发展模式。作为这一模式的关键，"国产化"工作离不开国产化政策支持。从 1990 年国产化政策首次出现在历史舞台到 2001 年加入 WTO 前夕，国产化政策都是我国汽车产业政策的重要组成部分，随着 2001 年我国加入 WTO，这一政策被短暂地废除，2005 年又重新被变相地实施，直到 2009 年才重新退出历史舞台。表 5－2 对中国汽车工业史上国产化政策相关法律法规进行了总结。总的来说，中国的国产化政策可以分为以下三个阶段。

表 5－2　中国汽车工业国产化政策相关法律法规

实施日期	政策名称	政策主要内容	发布单位
1990 年 4 月 1 日	《关于运用税收优惠促进小轿车国产化的暂行规定》	首次规定不同国产化率整车企业享受的不同的零部件进口税收优惠级差	海关总署等
1992 年 5 月 30 日	《关于运用税收优惠促进小轿车国产化的暂行规定实施细则》	细化了上述规定：将企业的国产化阶段分为了"起步阶段"和"国产化阶段"，不同阶段的企业享受的税收优惠政策存在差异	海关总署
1994 年 3 月 12 日	《汽车工业产业政策》第九章"国产化政策"	重申了国产化率税收优惠级差，并进一步将国产化作为对整车企业的强制要求	国务院
1997 年 1 月 1 日	《关于运用关税手段促进轻型客车国产化的暂行规定》	对享受国产化率税收优惠级差企业的规模和技术水平提出了要求	国务院关税税则委员会
2001 年 12 月 11 日	《关于废止部分规章和规范性文件的决定》	废除了上述国产化政策	财政部
2005 年 4 月 1 日	《构成整车特征的汽车零部件进口管理办法》	通过"整车特征办法"再次实施了变相的国产化政策	海关总署等
2009 年 9 月 1 日	《关于废止"构成整车特征的汽车零部件进口管理办法"的决定》	废除了 2005 年的变相国产化政策	海关总署等

第一阶段，加入WTO之前国产化政策的实施（1990～2001年）：20世纪80年代，以上海大众为代表的合资企业在进入中国市场之初主要通过CKD（国外全散件国内组装整车）或SKD（国外半散件国内组装整车）进行整车生产，这种生产模式既不有利于企业掌握关键技术又消耗了国家大量的外汇储备。为了改变这一状况，1990年海关总署等单位颁布了《关于运用税收优惠促进小轿车国产化的暂行规定》，利用零部件进口税收优惠级差鼓励企业进行轿车国产化。在接下来的10多年间，国产化政策在《关于运用税收优惠促进小轿车国产化的暂行规定实施细则》《汽车工业产业政策》《关于运用关税手段促进轻型客车国产化的暂行规定》等政策法规中被多次重申或细化。

第二阶段，加入WTO之后国产化政策的废除（2002～2004年）：为了适应WTO的国际贸易规则，2001年12月，已经实施12年的国产化政策被废除。在2004年的《汽车产业发展政策》中，国家对国产化工作的态度也从之前的"强制要求"[①] 转变为了"支持"[②]。

第三阶段，加入WTO之后国产化政策的重新实施（2005～2009年）：加入WTO之后外资零部件厂商的进入以及国产化政策的废除给依然幼小的本土零部件制造业带来了双重冲击。为了给予本土汽车零部件企业一定的缓冲时间，2005年海关总署等单位颁布了《构成整车特征的汽车零部件进口管理办法》（以下简称"整车办法"），规定企业进口零部件总价格达到整车总价格60%及以上时构成"整车特征"，按照整车税率征收关税。也就是说，国产化率水平较低的整车企业再次受到了较高的进口零部件关税惩罚，因此"整车办法"也被称作变相的国产化政策。直到2009年9月，这一变相的国产化政策才被废除。

加入WTO之后，外资零部件企业的进入和国产化政策的废除给中国本土零部件企业带来了双重冲击。在这种情况下，2005年的国产化政策无异于一

---

① 1994年发布的《汽车工业产业政策》第四十二条规定："汽车工业企业在引进产品制造技术后，必须进行产品国产化工作。引进技术产品的国产化进度，作为国家支持其发展第二车型的条件之一。"

② 2004年发布的《汽车产业发展政策》第五十二条规定："国家支持汽车生产企业努力提高汽车产品本地化生产能力，带动汽车零部件企业技术进步，发展汽车制造业。"

剂良药，给了中国本土零部件企业短暂的缓冲时期。这一事实反映在表 5 - 1 中国零部件行业生产率在 2004 年和 2005 年的波动中。理论上而言，而这一政策在 2002 年和 2005 年的两次变化，都为研究政策冲击对企业绩效的影响提供了可能。但 2002 年国产化政策的取消实际上是加入 WTO 的产物，而加入 WTO 前后中国的投资环境发生了很大的变化，很难将国产化政策与 WTO 下其他变化对企业生产率的影响区分开来。因此后文国产化政策冲击对企业生产率的影响，将聚焦于中国加入 WTO 后的 2002～2007 年这一时期，分析 2005 年国产化政策的重新实施，对直接受政策冲击的汽车零部件制造企业生产率产生了怎样的影响。

三、计量模型和数据

1. 计量模型

本章的被解释变量企业技术进步的度量利用了企业全要素生产率（TFP），在稳健性检验中，我们也利用企业的单位劳动生产率（工业增加值和从业人数之比）作为技术进步的另一种度量方式。全要素生产率的计算基于 OP 法工业增加值生产函数的估计结果。为了分析技术溢出对技术进步的影响，我们和大多数文献一样，利用一个市场中企业平均外资比例对 FDI 的技术溢出强度进行衡量（Konings，2001），其中水平技术溢出强度利用同类企业的平均外资比例计算，纵向技术溢出强度利用上游或下游企业的平均外资比例计算（Javorick，2004）。就中国零部件行业而言，由于零部件企业主要依托着几大汽车集团发展建立，呈现出明显的区域聚集特点（叶福恒等，2013），我们将一个省定义为一个市场，FDI 水平技术溢出强度和纵向技术溢出强度分别利用同一时期同省零部件企业的外资股比加权平均以及整车企业的外资股比加权平均计算：

$$HForSh_{jt} = \frac{\sum_i output_{ijt} ForSh_{ijt}}{\sum_i output_{ijt}}; VForSh_{jt} = \frac{\sum_k output_{kjt} ForSh_{kjt}}{\sum_k output_{kjt}}$$

其中，$HForSh_{jt}$、$VForSh_{jt}$ 分别表示 t 时期第 j 个省的水平技术溢出强度和纵向技术溢出强度；$ForSh_{ijt}$、$output_{ijt}$ 分别表示 t 时期第 j 个省零部件制造企业 i 的外国以及其他地区（包括中国港澳台地区，下同）资本股比和产出；$ForSh_{kjt}$、$output_{kjt}$ 表示 t 时期第 j 个省的整车制造企业 k 的外国以及其他地区资本股比和产出。将 $HForSh_{jt}$、$VForSh_{jt}$ 作为解释变量，同时控制其他市场层面、企业层面对企业全要素生产率的影响因素进行控制，就可以对 FDI 的水平技术溢出和纵向技术溢出对企业生产率进步的贡献进行分析。具体公式如下：

$$\ln TFP_{it} = \beta_0 + \beta_1 HForSh_{jt} + \beta_2 VForSh_{jt} + \beta_3 \ln MkSize_{jt} + \beta_4 \ln hhi_{jt} + \beta_5 Tariff_t +$$
$$\beta_6 WTO_t + \beta_7 ForSh_{ijt} + \beta_8 StaSh_{ijt} + \beta_9 a_{ijt} + \beta_{10} l_{ijt} + \varepsilon_{ijt} \qquad (5-1)$$

式（5-1）左边的 TFP_{it} 表示 t 时期第 j 个省的企业 i 的全要素生产率，除解释变量水平技术溢出强度和纵向技术溢出强度 $HForSh_{jt}$、$VForSh_{jt}$ 外，外界市场环境变化同样会影响企业的生产率变化，我们用零部件行业总产出和赫芬达尔指数对市场规模（$MktSize_{jt}$）和市场竞争强度（hhi_{jt}）进行衡量：

$$MktSize_{jt} = \sum_i output_{ijt} ; \quad hhi_{jt} = 10000 \sum_i \left(\frac{output_{ijt}}{MktSize_{jt}} \right)^2$$

市场规模和赫芬达尔指数能控制国内零部件市场规模和竞争结构的变化对企业生产率的影响。而样本期间正好处于加入 WTO 前后，我国零部件进口关税大幅降低，使得零部件企业面临着来自国际市场更激烈的竞争，这同样对企业的生产率产生影响。基于此模型中还控制了零部件行业当年的进口关税税率（$Tariff_t$）[①]，另外我们还加入了是中国否加入 WTO 的哑变量（WTO_t）控制入市后除关税外其他因素的变化对企业生产率的影响，样本区间为 2002～2007 年时其取值为 1，反之为 0。

企业本身的特征也会对其生产率产生影响。我们控制了企业的资本结构，包括外资股比（$ForSh_{ijt}$）、国有资本股比（$StaSh_{ijt}$）、企业年龄（a_{ijt}）以及企业规模（以从业人数对数 $\ln l_{ijt}$ 衡量）。考虑到中国不同地区的汽车零部件制造业发展差异显著，模型中还加入了不同省份的哑变量。

---

① 零部件进口关税税率数据来自 UNCTAD（联合国贸易发展会议），1998～2007 年我国汽车零部件按贸易量加权进口关税税率从 26.4% 下降到 10.5%。

式（5-1）中解释变量$HForSh_{jt}$和$VForSh_{jt}$的系数β_1、β_2衡量了零部件行业的水平技术效应和纵向技术溢出效应。β_1的系数为正说明本省的零部件企业对企业i产生了正的水平技术溢出效应，β_2的系数为正表示本省的下游的整车企业对企业i产生了正的垂直溢出效应。

为了研究2005年国产化政策的重新实施对企业生产率的影响，我们将样本区间限制在国产化政策废除的2002年之后，定义国产化政策哑变量LCR_t：样本观察值在2002～2004年这一变量其取值为0，样本观察值在2005～2007年，这一变量取值为1，将这一哑变量加入式（5-1）中。此外，叶静怡等（2012）指出国产化政策对中间品部门生产率的促进作用主要来源于两个方面：一是促进了FDI的技术溢出；二是保证了中间投入品的市场份额。后者在给予本土企业更多"干中学"机会的同时也激励企业进行技术投资（Mussa，1984）。另外作为一种保护主义政策，国产化政策也可能使企业丧失在市场竞争下的自主创新动力。因此为了甄别国产化政策通过FDI技术溢出、改变市场规模以及市场竞争结构影响零部件企业生产率的不同机制，将国产化政策哑变量与横向技术溢出效应、纵向技术溢出效应，零部件制造业市场规模、零部件制造业赫芬达尔指数的交叉项$LCR_t HForSh_{jt}$、$LCR_t VForSh_{jt}$、$LCR_t \ln MkSize_{jt}$、LCR_t、$\ln hhi_{jt}$也作为企业生产率的解释变量。即式（5-2），除国产化政策外，其他变量的含义和计算方法与上节完全相同，唯一不同的区别在于我们的样本区间现在局限于进入WTO之后的2002～2007年。

$$\ln TFP_{it} = \beta_0 + \beta_1 LCR_t + \beta_2 HForSh_{jt} + \beta_3 VForSh_{jt} + \beta_4 \ln MkSize_{jt} + \beta_5 \ln hhi_{jt} +$$
$$\beta_6 LCR_t HForSh_{jt} + \beta_7 LCR_t VForSh_{jt} + \beta_8 LCR_t \ln MkSize_{jt} +$$
$$\beta_9 LCR_t \ln hhi_{jt} + \beta_{10} Tariff_t + \beta_{11} ForSh_{ijt} + \beta_{12} StaSh_{ijt} + \beta_{13} a_{ijt} +$$
$$\beta_{14} l_{ijt} + \varepsilon_{ijt} \tag{5-2}$$

式（5-2）中国产化政策哑变量（LCR_t）以及四个交叉项（$LCR_t HForSh_{jt}$、$LCR_t VForSh_{jt}$、$LCR_t \ln MkSize_{jt}$、$LCR_t \ln hhi_{jt}$）是本部分关心的主要变量。其中，交叉项的系数刻画了国产化政策如何通过影响技术溢出和市场规模改变零部件企业的全要素生产率：如果β_6（β_7）的系数为正，那么国产化政策通过促进FDI横向（纵向）技术溢出提升了零部件企业全要素生产率；β_8的系数为正，则表示国产化政策通过市场规模的增长提升了零部件企业生产率；β_9的系数为负，则表示国产化政策通过降低市场竞争激烈程度阻碍了企业生产率的提升。而LCR_t的系数β_1刻画了国产化政策通过技术溢出、市场规模以及市场结构变化之外的其他途径对企业生产率的影响。

2. 数据和描述性统计

本章主要数据来源仍然为1998~2007年规模以上中国汽车零部件制造企业。由于对全要素生产率的度量基于OP法，我们剔除了投资额小于0的样本，最终样本数量为28668个。为了对FDI的纵向溢出效应进行衡量，我们还从工业企业数据库中提出了下游整车制造企业数据（四位行业代码为"3721"）。表5-3给出了变量的描述性统计。

表5-3　变量的描述性统计

变量符号	变量含义	观测值	均值	标准差	最小值	最大值
$\ln y$	工业增加值对数（千元）	28668	8.9135	1.3030	0.0105	15.5369
$\ln k$	资本存量的对数（千元）	28668	8.7855	1.6377	0.0363	16.4040
$\ln l$	从业人数对数（人）	28668	4.9068	1.0224	2.3979	10.2074
age	企业年龄	28668	9.7925	11.2321	0.0000	123.0000
$\ln lp$	人均劳动生产率对数（千元）	28668	4.0066	0.9961	-5.5617	9.5559
$\ln tfp$	全要素生产率对数	28668	6.3012	1.0176	-3.3508	11.3996
$ForSh$	外资股比	28668	0.1541	0.3295	0.0000	1.0000
$StaSh$	国有资产股比	28668	0.0596	0.2193	0.0000	1.0000
$HForSh$	同省份零部件行业外资本比例	28668	0.2558	0.2123	0.0000	1.0000
$VForSh$	同省份整车行业外资本比例	28541	0.1784	0.1814	0.0000	0.7192
$\ln hhi$	赫芬达尔指数对数	28668	6.0487	1.0169	4.4665	9.2103
$\ln MkSize$	零部件行业总产出对数（千元）	28668	16.5433	1.2230	6.8458	18.3272

四、实证结果

1. 外资的纵向技术溢出与中国零部件行业的技术进步

表5-4的第1列给出了式（5-1）回归的结果：我们关心的两个解释变

量中 *VForSh* 显著为正，1998～2007 年，零部件企业的技术进步在很大程度上来源于下游整车企业的纵向技术溢出。正如 Jabbour 和 Mucchielli（2007）、杨红丽和陈钊（2015）所指出的，由于外资零部件企业会有意识地防止技术向竞争对手泄露，下游整车厂商与零部件企业通过后向联系产生的纵向技术溢出往往才是 FDI 技术溢出的主要途径。2000 年前后，大量跨国汽车制造企业通过与本土大型汽车集团组建合资企业的形式进入我国。在国产化政策的要求下，合资厂商要想将来自外方的车型推向市场必须首先实现车型的国产化，增大了对本土零部件供应的需求。为了使零部件厂商的产品达到供应标准，整车厂商往往需要对上游零部件厂商进行人员培训和技术输入。这种技术溢出提升了本土零部件企业的生产率。

列 1 中 *HForSh* 解释变量的系数为负但不显著，即样本期间零部件行业的 FDI 对其他同类型企业的技术溢出并不明显，这一发现和已有针对发展中国 FDI 的水平技术溢出效应的研究结果一致（Konings，2001；Hoekman，2000）。事实上，正如 Javorcik（2004）所指出的，由于外资企业会千方百计防止技术向本土竞争对手泄露，使得水平技术溢出的发生较为困难，相比之下由于上下游企业更多的是合作而非竞争关系，FDI 的纵向技术溢出更有可能发生。

在反映外界市场环境变化对企业生产率影响的变量中，市场规模（ln*Mk-Size*）的系数显著为正：零部件企业生产率的增长同样得益于市场规模的扩大，一方面企业有更多的机会通过"干中学"积累经验，另一方面市场规模的扩大提升了研发的预期回报率，企业更有动力通过创新投资提升生产率（Mussa，1984）。市场竞争（ln*hhi*）的系数显著为负，激烈的市场竞争同样激发企业进行效率的重要因素。由于政府对汽车零部件行业并无严格的进入管制，1998～2007 年我国零部件企业数量急剧上升，期间具有市场影响力的大型零部件企业尚未出现，市场竞争程度激烈，行业的赫芬达尔指数由 1998 年的 82.2 下降为 2007 年的 17.7，激烈的市场竞争激发了企业进行效率改进的动力。与 DeLoecker（2011）等的发现一致，贸易自由化同样对我国零部件企业的生产率提升产生了积极影响：关税税率（*Tariff*）的系数显著为负，零部件进口关税的下降使得本土企业面临着更激烈的国际市场竞争，本土企业只有通过改进生产率才能缩小与国际竞争对手的差距；WTO 哑变量（*WTO*）显著为正：除了关税的降低，入市之后更加公平有效的商业和投资环境同样有利于本土零部件企业生产率的提升。

企业本身的特征同样会影响生产率：外资比例（*ForSh*）系数显著为正，外资给企业注入的更先进的技术和管理水平都有利于其生产率的提升（路江涌，2008）；国有资本比例（*StaSh*）系数显著为负，预算软约束（柳建华，2006）、政策性负担（林毅夫等，1997）、代理成本（李寿喜，2007）都导致了国有资本的效率显著低于民营资本；企业年龄（*age*）的系数显著为负，但经济意义上对企业生产率的影响不大（企业的生产率随着年龄的增长每年降低 0.70%）；企业规模（ln*l*）的系数显著为正，中国汽车零部件制造企业的生产率提升存在明显的规模经济效应。由于全要素生产率只是衡量企业效率的方式之一，表 5 - 4 的第 2 列我们将式（5 - 1）的被解释变量换成了单位劳动产出（工业增加值与从业人员数量之比）的对数，WTO 哑变量（*WTO*）的系数变得不再显著，除关税外入世后的其他环境的变化对企业的单位劳动产出无显著影响；企业规模（ln*l*）的系数显著为负，企业规模的扩张伴随的内部组织成本的上升对单位劳动生产率的提升产生了不利影响。而包括解释变量系数在内的显著性水平和符号并未发生太大改变。

表 5 - 4　外资技术溢出与中国零部件行业的技术进步

解释变量	全要素生产率对数（ln*tfp*）	单位劳动生产率对数（ln*lp*）
	列 1	列 2
HForSh	- 0.0072	0.0595
	(0.0714)	(0.0762)
VForSh	0.1240 ***	0.1589 ***
	(0.0402)	(0.0429)
ln*MkSize*	0.1761 ***	0.1988 ***
	(0.0161)	(0.0172)
ln*hhi*	- 0.0248 ***	- 0.0245 ***
	(0.0072)	(0.0077)

续表

解释变量	全要素生产率对数（lntfp）	单位劳动生产率对数（lnlp）
	列 1	列 2
Tariff	− 0.9911 ***	− 1.4837 ***
	（0.2487）	（0.2654）
WTO	0.0411 *	− 0.0081
	（0.0216）	（0.0231）
ForSh	0.3372 ***	0.5892 ***
	（0.0170）	（0.0182）
StaSh	− 0.2387 ***	− 0.1335 ***
	（0.0256）	（0.0273）
age	− 0.0087 ***	− 0.0048 ***
	（0.0005）	（0.0005）
lnl	0.5044 ***	− 0.1342 ***
	（0.0055）	（0.0058）
观测值	28541	28541
调整的 R^2	0.317	0.187

注：***，**，*分别代表在0.01，0.05 和0.1 的水平上显著。

ForSh 和 StaSh 系数的显著性表明，外资和国有资本比例会影响企业的生产率，然而 FDI 的技术溢出在不同所有制结构企业中可能本身就存在差异：Javorcik 和 Spatareanu（2008）指出 FDI 的技术转移成本在外资和内资企业之间差异明显：外资企业和内资企业之间技术水平差距使得外资和内资企业对技术转移的吸收能力存在差异；杨汝岱（2015）发现国有企业和民营企业在资源配置效率上同样存在较大的差距，因此有必要针对企业的所有制结构进行异质性分析。表5-5 给出了基于式（5-1）分别对外资企业和内资企业①子样本进行回归的结果。

列 3 和列 4 以全要素生产率作为被解释变量的结果表明：FDI 对外资企业

---

① 和 Lu 等（2008）一样，我们将外资企业的定义为外国或中国港澳台资本占比 25% 以上的企业。

和内资企业的技术溢出效应并不相同。*HForSh* 的系数在列 3 外资企业子样本中显著为正，而在列 4 内资企业子样本中显著为负。全样本结果中 FDI 的负水平技术溢出效应实际上仅存在于内资企业子样本中，而对于外资企业，FDI 正的水平技术溢出仍然存在。事实上，已有文献发现的水平技术溢出主要存在于发达国家（Haskel 等，2002；Yeaple，2003）表明技术接受方本身的技术水平是影响水平技术溢出的重要因素，对我国零部件制造企业而言，内资企业的技术水平，产品结构都与外资企业存在较大差距，无法对后者的技术进行消化吸收；相反，在技术水平相近的外资企业之间，同类零部件企业之间的正向技术溢出仍然是存在的。

VForSh 的系数在列 3 外资企业子样本中不显著，而在列 4 内资企业子样本中显著为正：从下游整车厂商的纵向技术溢出中获益的主要是内资零部件企业。原因在于，大多数外资零部件企业实际上是随外资整车企业一同进入中国市场的，本身的技术水平就已经达到下游厂商的供应要求，在样本期间很难再从下游厂商的后向连接中获得生产率提升。

ln*MkSize* 的系数在外资企业和内资企业的子样本中都显著为正，市场规模的扩张给内资和外资企业都带来了生产率的增长，并且外资企业从其中获益更大。ln*hhi* 的系数仅在内资企业子样本中显著为负，零部件市场竞争的加剧带来的企业效率改进则主要发生在内资企业子样本中。*Tariff* 和 *WTO* 的系数表明，贸易自由化对外资企业和内资企业子样本生产率的影响同样不同，关税的降低对外资企业的生产率产生了负影响却促进了内资企业生产率的提升：来自国际市场的竞争对本土企业效率改进的激励作用同样主要发生在内资企业中；相反进口零部件对外资零部件企业产品的替代却挤压了后者的生存空间，且不利于其效率的改进。不过入市后投资环境其他因素的改善却使得外资企业的生产率得到了提升。另外外资比例的上升促进了内资企业生产率的提升，国有资本比例的上升却提升了外资企业的生产率，这说明，企业内部不同所有制的资本对企业生产率的提升具有互补的作用。列 5 和列 6 将被解释变量换成单位劳动生产率，上述结果并未发生太大的改变。

表 5 - 5 外资技术溢出与中国零部件行业的技术进步：内资企业与外资企业

解释变量	全要素生产率对数（lntfp）		单位劳动生产率对数（lnlp）	
	列 3 外资企业子样本	列 4 内资企业子样本	列 5 外资企业子样本	列 6 内资企业子样本
HForSh	0.6956 ***	− 0.3302 ***	0.8252 ***	− 0.3024 ***
	(0.1573)	(0.0803)	(0.1698)	(0.0852)
VForSh	0.1060	0.0779 *	0.1441	0.1020 **
	(0.0915)	(0.0441)	(0.0988)	(0.0468)
lnMkSize	0.2842 ***	0.1644 ***	0.3261 ***	0.1818 ***
	(0.0395)	(0.0174)	(0.0426)	(0.0184)
lnhhi	− 0.0253	− 0.0292 ***	− 0.0361	− 0.0271 ***
	(0.0209)	(0.0075)	(0.0225)	(0.0079)
Tariff	2.0245 ***	− 1.6501 ***	1.9108 ***	− 2.2857 ***
	(0.6388)	(0.2638)	(0.6898)	(0.2799)
WTO	0.1143 **	0.0308	0.0431	− 0.0115
	(0.0579)	(0.0227)	(0.0625)	(0.0241)
ForSh	− 0.1058 **	0.9609 ***	0.0308	1.6907 ***
	(0.0520)	(0.2401)	(0.0561)	(0.2548)
StaSh	0.3878 ***	− 0.2654 ***	0.5550 ***	− 0.1721 ***
	(0.1188)	(0.0252)	(0.1283)	(0.0267)
age	0.0021	− 0.0074 ***	0.0013	− 0.0031 ***
	(0.0026)	(0.0005)	(0.0028)	(0.0005)
lnl	0.5681 ***	0.4731 ***	− 0.0781 ***	− 0.1652 ***
	(0.0129)	(0.0060)	(0.0139)	(0.0064)
观测值	5655	22886	5655	22886
调整的 R^2	0.342	0.282	0.123	0.181

注：＊＊＊，＊＊，＊分别代表在 0.01，0.05 和 0.1 的水平上显著。

表 5 - 6 给出了国有企业和非国有企业子样本回归的结果。列 7 和列 8 的被解释变量为全要素生产率的对数（lntfp），列 9 和列 10 的被解释变量为单位劳动生产率对数（lnlp）。结果显示，FDI 的技术溢出效应在国有企业和非国有企业中同样存在显著差异。主要的发现有：外资对零部件企业的负向水平溢出效应主要发生在国有企业子样本中；对非国有企业的水平溢出效应不显著。而

外资的纵向溢出效应和市场规模的扩大，以及市场竞争激烈程度的加剧对生产率的促进作用都主要发生在非国有企业当中；这一结果印证了已有文献的发现，预算软约束（柳建华，2006）、代理成本（李寿喜，2007）等多重因素导致了国有企业生产率改进的动力低于非国有企业。

表5-6 外资技术溢出与中国零部件行业的技术进步：国有企业与非国有企业

解释变量	全要素生产率对数（lntfp）		单位劳动生产率对数（lnlp）	
	列7 国有企业子样本	列8 非国有企业子样本	列9 国有企业子样本	列10 非国有企业子样本
$HForSh$	- 0.7456 **	0.0729	- 0.7646 **	0.0729
	(0.3222)	(0.0738)	(0.3377)	(0.0738)
$VForSh$	0.1395	0.0955 **	0.1223	0.0955 **
	(0.1853)	(0.0411)	(0.1943)	(0.0411)
ln$MkSize$	0.0528	0.2000 ***	0.0514	0.2000 ***
	(0.0641)	(0.0169)	(0.0672)	(0.0169)
lnhhi	0.0963 *	- 0.0308 ***	0.0999 *	- 0.0308 ***
	(0.0498)	(0.0073)	(0.0522)	(0.0073)
$Tariff$	- 3.1049 ***	- 0.7304 ***	- 3.6721 ***	- 0.7304 ***
	(0.9765)	(0.2584)	(1.0235)	(0.2584)
WTO	0.3989 ***	0.0043	0.4209 ***	0.0043
	(0.0829)	(0.0225)	(0.0869)	(0.0225)
$ForSh$	1.9949 ***	0.3244 ***	2.5029 ***	0.3244 ***
	(0.2360)	(0.0170)	(0.2474)	(0.0170)
$StaSh$	- 0.0895	0.3783 ***	0.0598	0.3783 ***
	(0.1749)	(0.1082)	(0.1834)	(0.1082)
age	- 0.0123 ***	- 0.0076 ***	- 0.0083 ***	- 0.0076 ***
	(0.0016)	(0.0005)	(0.0016)	(0.0005)
ln$l$	0.4990 ***	0.5038 ***	- 0.1331 ***	0.5038 ***
	(0.0246)	(0.0056)	(0.0258)	(0.0056)
观测值	1694	26847	1694	26847
调整的 R^2	0.351	0.324	0.340	0.324

注：***，**，*分别代表在0.01，0.05和0.1的水平上显著。

上述结果表明，1998～2007 年，纵向技术溢出、零部件市场规模的扩大，以及市场竞争激烈程度的上升都是影响我国零部件厂商生产率提升的重要因素。而以上三个方面，实际上是和我国汽车工业国产化模式的选择密不可分的。在汽车工业的国产化政策下保证了整车厂商与本土零部件供应商之间的后向连接，扩大了本土零部件市场的规模，合资企业的引进车型在本地生产中的零部件很大比例上要求由本土零部件供应商供给。由此可见，国产化政策为外资对中国零部件行业技术溢出提供了政策基础，这一点将在下一部分的实证部分得到证实，同时我们也对国产化政策对中国零部件行业生产率影响的其他机制进行了考察。

2. 国产化政策与中国零部件行业的技术进步

表 5-7 中给出了式（5-2）的回归结果。主要的发现有：交叉项 $LCR \times HForSh$ 的系数显著为负，$LCR \times VForSh$ 的系数显著为正，$HForSh$ 的系数在 0.1 的水平下显著、$VForSh$ 的系数不显著。2005 年国产化政策的实施使得 FDI 向本省零部件制造企业产生了负的横向技术溢出效应和正的纵向技术溢出效应。在政府对零部件本土供应的强制要求下，整车合资厂商与本土零部件厂商后向联系进一步增强，促进了零部件企业生产率的提升。与此同时，跟随跨国公司一同进入中国市场的配套外资零部件企业在产品质量和技术水平方面都较之本土企业存在巨大优势。他们通过掠夺市场份额，压缩了本土企业的生存空间，这不利于本土企业进一步积累资本对效率改进进行投资，表现为负的技术溢出效应，这一发现和 Javorick 和 Spatareanui（2008）的观点一致。ln$MkSize$ 的系数显著为正，$LCR \times$ ln$MkSize$ 的系数显著为负：2002 年之后中国汽车工业的高速发展也带动了上游零部件市场规模的扩大，企业生产率的增长同样得益于此。零部件企业通过"干中学"积累经验的同时，市场规模的扩大提升了研发的预期回报率，企业更有动力通过创新投资提升生产率。不过这一生产率改进的动力在国产化政策时期却有所减弱，原因在于市场规模的保证反而使企业产生了效率改进的惰性。$LCR \times$ lnhhi 的系数显著为负，2004～2005 年零部件行业赫芬达尔指数的上升说明国产化政策短期内市场垄断程度的上升，同样会使在位企业失去通过改进生产效率降低成本的动力。

表5-7 国产化政策与生产率：基本回归结果

解释变量	全要素生产率对数（lntfp）	单位劳动生产率对数（lnlp）
	列 11	列 12
LCR	1.5870***	1.7292***
	(0.2511)	(0.2677)
HForSh	-0.2205*	-0.2621*
	(0.1304)	(0.1390)
VForSh	0.0159	0.0233
	(0.0684)	(0.0729)
lnMkSize	0.2641***	0.2860***
	(0.0234)	(0.0250)
lnhhi	0.0028	0.0085
	(0.0124)	(0.0132)
LCR × HForSh	-0.2449***	-0.2604***
	(0.0629)	(0.0670)
LCR × VForSh	0.1816**	0.1791**
	(0.0780)	(0.0832)
LCR × lnMkSize	-0.0496***	-0.0473***
	(0.0132)	(0.0141)
LCR × lnhhi	-0.1031***	-0.1244***
	(0.0129)	(0.0137)
Tariff	0.4321	0.3157
	(0.3411)	(0.3637)
ForSh	0.3254***	0.5699***
	(0.0183)	(0.0195)
StaSh	-0.1172***	-0.0074
	(0.0339)	(0.0361)
age	-0.0068***	-0.0027***
	(0.0006)	(0.0007)
lnl	0.5262***	-0.1092***
	(0.0061)	(0.0065)
观测值	22903	22903
调整的 R^2	0.328	0.138

注：***，**，*分别代表在0.01，0.05和0.1的水平上显著。

考虑到国产化政策对企业生产率的影响及影响机制在不同所有制结构企业中同样可能存在差异。本部分对国产化政策对不同所有制结构的零部件企业生产率的影响进行异质性分析。表5-8中的列13和列14给出了被解释变量是全要素生产率对外资企业和内资企业两个子样本分别进行回归的结果；列15和列16的被解释变量则为劳动生产率。由表5-8的结果可以看出，国产化政策对两类子样本企业生产率的影响并不相同：国产化政策与技术溢出交叉项（$LCR \times HForSh$、$LCR \times VForSh$）系数表明，国产化政策下FDI主要向内资企业发生了负的水平技术溢出效应和正的垂直技术溢出效应，而外资企业受到的影响不显著；$LCR \times \ln MkSiz$ 的系数表明，虽然国产化政策同时保证了内资企业和外资企业的市场规模，但对他们的效率改进却产生了截然不同的激励效果，外资企业通过更多的"干中学"以及技术投资获得了全要素生产率的进步，内资企业却产生了一定的创新惰性；$LCR \times \ln hhi$ 的系数表明国产化政策在短期内的反竞争效应对外资企业和内资企业的效率改进都是不利的。

表5-8 国产化政策与生产率：内资企业与外资企业

解释变量	全要素生产率对数（lntfp）		单位劳动生产率对数（lnlp）	
	列13	列14	列15	列16
	外资企业子样本	内资企业子样本	外资企业子样本	内资企业子样本
LCR	-0.8498	1.9203***	-1.0910	2.1201***
	(0.7797)	(0.2556)	(0.8382)	(0.2710)
$HForSh$	-0.0165	-0.5294***	0.0387	-0.6502***
	(0.2824)	(0.1490)	(0.3036)	(0.1580)
$VForSh$	0.0555	-0.0011	0.0491	0.0065
	(0.1603)	(0.0743)	(0.1723)	(0.0788)
ln$MkSize$	0.2718***	0.2540***	0.3007***	0.2705***
	(0.0595)	(0.0250)	(0.0640)	(0.0265)
lnhhi	0.0029	0.0050	0.0013	0.0120
	(0.0390)	(0.0127)	(0.0419)	(0.0134)
$LCR \times HForSh$	-0.0404	-0.2423***	-0.0839	-0.2459***
	(0.1579)	(0.0722)	(0.1698)	(0.0765)

续表

解释变量	全要素生产率对数（lntfp）		单位劳动生产率对数（lnlp）	
	列 13	列 14	列 15	列 16
	外资企业子样本	内资企业子样本	外资企业子样本	内资企业子样本
$LCR \times VForSh$	0.1914	0.1651 **	0.2453	0.1434
	(0.1896)	(0.0837)	(0.2039)	(0.0888)
$LCR \times \ln MkSize$	0.0998 **	− 0.0684 ***	0.1248 ***	− 0.0686 ***
	(0.0408)	(0.0135)	(0.0438)	(0.0143)
$LCR \times \ln hhi$	− 0.1186 ***	− 0.1080 ***	− 0.1405 ***	− 0.1307 ***
	(0.0394)	(0.0132)	(0.0423)	(0.0140)
$Tariff$	3.6039 ***	− 0.4395	3.8293 ***	− 0.6763 *
	(0.9105)	(0.3572)	(0.9789)	(0.3787)
$ForSh$	− 0.1133 **	0.7270 ***	0.0251	1.4091 ***
	(0.0572)	(0.2751)	(0.0615)	(0.2917)
$StaSh$	0.4660 ***	− 0.1497 ***	0.6972 ***	− 0.0575
	(0.1564)	(0.0331)	(0.1681)	(0.0351)
age	0.0031	− 0.0059 ***	0.0022	− 0.0014 **
	(0.0030)	(0.0006)	(0.0032)	(0.0006)
$\ln l$	0.5635 ***	0.5018 ***	− 0.0791 ***	− 0.1333 ***
	(0.0145)	(0.0067)	(0.0155)	(0.0071)
观测值	4726	18177	4726	18177
调整的 R^2	0.333	0.302	0.122	0.125

注：＊＊＊，＊＊，＊分别代表在 0.01，0.05 和 0.1 的水平上显著。

表 5-9 给出了对国有企业和非国有企业子样本回归的结果。同样地，列 17 和列 18 的被解释变量为全要素生产率，列 19 和列 20 的被解释变量为劳动生产率。结果显示，国产化政策、FDI 的溢出效应、市场规模、市场竞争结构对国有企业生产率变化的影响均不显著：由于长期享受得天独厚的资源，国有企业似乎失去了效率改进的动力（杨汝岱，2015）。而国产化政策下 FDI 对非国有企业产生了负的横向技术溢出效应和正的纵向技术溢出效应，可见零部件企业与整车企业间的垂直效应有利于上游零部件企业的生产率提升。不过，

$LCR \times \ln MkSize$ 和 $LCR \times \ln hhi$ 系数表明非国有企业同样因为市场规模的增长以及市场竞争程度的降低，效率改进的动力有所下降。

表5-9 国产化政策与生产率：国有企业与非国有企业

解释变量	全要素生产率对数（$\ln tfp$）		单位劳动生产率对数（$\ln lp$）	
	列17	列18	列19	列20
	国有企业子样本	非国有企业子样本	国有企业子样本	非国有企业子样本
LCR	-0.5194	1.6604 ***	-0.9584	1.8128 ***
	(1.6982)	(0.2583)	(1.7751)	(0.2755)
$HForSh$	-1.2717 *	-0.1452	-1.2630 *	-0.1920
	(0.6871)	(0.1331)	(0.7182)	(0.1420)
$VForSh$	0.3746	0.0011	0.3860	0.0069
	(0.3712)	(0.0695)	(0.3880)	(0.0742)
$\ln MkSize$	0.0621	0.2770 ***	0.0285	0.3033 ***
	(0.1025)	(0.0242)	(0.1072)	(0.0258)
$\ln hhi$	0.0583	0.0026	0.0485	0.0092
	(0.0975)	(0.0125)	(0.1019)	(0.0133)
$LCR \times HForSh$	-0.3493	-0.2439 ***	-0.6565	-0.2517 ***
	(0.3983)	(0.0637)	(0.4163)	(0.0679)
$LCR \times VForSh$	-0.3263	0.2003 **	-0.5083	0.2062 **
	(0.4313)	(0.0795)	(0.4509)	(0.0848)
$LCR \times \ln MkSize$	0.0656	-0.0544 ***	0.1044	-0.0526 ***
	(0.0815)	(0.0137)	(0.0852)	(0.0146)
$LCR \times \ln hhi$	-0.0461	-0.1028 ***	-0.0494	-0.1253 ***
	(0.1001)	(0.0129)	(0.1047)	(0.0138)
$Tariff$	-1.8159	0.5542	-2.0890	0.4382
	(1.4693)	(0.3522)	(1.5358)	(0.3756)
$ForSh$	2.1007 ***	0.3117 ***	2.6823 ***	0.5532 ***
	(0.3238)	(0.0182)	(0.3384)	(0.0194)
$StaSh$	0.0268	0.7789 ***	0.2027	1.1305 ***
	(0.2517)	(0.1394)	(0.2631)	(0.1486)
age	-0.0111 ***	-0.0057 ***	-0.0066 ***	-0.0017 **
	(0.0023)	(0.0007)	(0.0024)	(0.0007)

解释变量	全要素生产率对数（lntfp）		单位劳动生产率对数（lnlp）	
	列17	列18	列19	列20
	国有企业子样本	非国有企业子样本	国有企业子样本	非国有企业子样本
ln$l$	0.5227 ***	0.5234 ***	− 0.1011 ***	− 0.1129 ***
	（0.0338）	（0.0062）	（0.0353）	（0.0066）
观测值	880	22023	880	22023
调整的 R^2	0.347	0.333	0.258	0.139

注：***，**，* 分别代表在 0.01，0.05 和 0.1 的水平上显著。

上述分析中，将同一个省的整个汽车零部件行业定义为同一个市场。考虑到不同的零部件产品的工艺、技术都存在巨大差异，不同类别零部件生产企业之间可能并不存在明显的竞争关系，他们之间的横向技术溢出效应可能也并不明显。本部分根据企业的产品类别对市场进行进一步细分。由于工业企业数据库中行业的分类只具体到四位行业代码，我们根据企业上报的主营产品在所有样本中提取了发动机、传动、制动、转向、行走、照明、改装、电气仪表八大类汽车零部件厂商。由于企业上报的主营产品名称没有规范的标准，大量企业上报的主营产品非常模糊（例如不少企业的主营产品名称为"汽车配件"），能够归为上述八大类的企业只占样本总数的 1/3 左右[①]。将同一个省生产同一类零部件产品的企业定义为属于一个市场，重新按照式（5-2）进行分析，即

$$\ln TFP_{ijct} = \beta_0 + \beta_1 LCR_t + \beta_2 HForSh_{jct} + \beta_3 VForSh_{jct} + \beta_4 \ln MkSize_{jct} + \beta_5 \ln hhi_{jct} +$$
$$\beta_6 LCR_t HForSh_{jct} + \beta_7 LCR_t VForSh_{jct} + \beta_8 LCR_t \ln MkSize_{jct} +$$
$$\beta_9 LCR_t \ln hhi_{jct} + \beta_{10} Tariff_t + \beta_{11} ForSh_{ijct} + \beta_{12} StaSh_{ijct} + \beta_{13} a_{ijct} +$$
$$\beta_{14} l_{ijct} + \varepsilon_{ijct} \tag{5-3}$$

其中，c 表示属于生产第 c 类产品的企业，TFP_{ijct} 表示 t 时期第 j 个省的生产第 c 类产品的企业 i 的全要素生产率，其他企业层面的变量 $ForSh_{ijct}$、$StaSh_{ijct}$、

---

① 2002 年样本中能够归类的零部件企业为 585 家，总产出为 460 亿元，分别占总样本数量的 32.6% 和 35.7%；2007 年能够归类的零部件企业为 1510 家，总产出为 2150 亿元，占总样本的 26.7% 和 36.6%。

$StaSh_{ijct}$、a_{ijctt}、$\ln l_{ijct}$的含义与式（5－2）类似；$\ln MkSize_{jct}$表示t时期第j个省的第c类产品细分市场的行业总产值对数，其他市场层面的变量$\ln hhi_{jct}$、$HForSh_{jct}$、$VForSh_{jct}$的含义也同式（5－2）类似，式（5－3）还控制了产品类别和每个省的固定效应。表5－10给出了式（5－3）的回归结果。其中模型11对生产八大类产品的所有企业进行了回归，$LCR \times HForSh$、$LCR \times VForSh$的系数仍然显著：在国产化政策下，FDI向本省同类产品零部件企业的负横向技术溢出效应仍然显著，下游整车行业FDI对上游生产不同类别产品的零部件企业均发生了正的纵向技术溢出。表5－10的模型12~15针对不同所有制结构企业的异质性分析表明，FDI负的横向技术溢出效应主要针对非国有企业；正的纵向技术溢出效应主要针对内资企业和非国有企业，这些结论与前一部分针对整个零部件行业的分析类似。而$LCR \times \ln Mksize$、$LCR \times \ln hhi$的系数不再显著。也就是在产品细分市场的定义下，国产化政策主要通过影响FDI的技术溢出影响不同产品类别企业的生产率。表5－11将被解释变量换成劳动生产率对数后的结论类似，在此不再赘述。

表5－10　国产化政策与生产率：按产品类别对市场进一步细分（全要素生产率衡量）

解释变量	被解释变量：全要素生产率对数（$\ln tfp$）				
	模型11 八大类 产品企业	模型12 八大类产品 外资企业	模型13 八大类产品 内资企业	模型14 八大类产品 国有企业	模型15 八大类产品 非国有企业
LCR	0.0846 (0.4524)	－0.2331 (1.1013)	0.1383 (0.4831)	1.9712 (2.6569)	－0.1632 (0.4598)
$HForSh$	0.1225 (0.0816)	0.5340*** (0.1841)	－0.3094*** (0.0983)	－0.1838 (0.3893)	0.1335 (0.0836)
$VForSh$	－0.0906 (0.1264)	－0.3798 (0.2623)	0.0526 (0.1424)	0.2565 (0.5113)	－0.0887 (0.1305)
$\ln MkSize$	0.1307*** (0.0180)	0.1595*** (0.0451)	0.1222*** (0.0192)	0.3153*** (0.0785)	0.1136*** (0.0185)
$\ln hhi$	－0.0105 (0.0281)	0.0174 (0.0741)	－0.0169 (0.0295)	0.3323** (0.1546)	－0.0323 (0.0287)
$LCR \times HForSh$	－0.1923** (0.0871)	0.2151 (0.2061)	－0.0960 (0.1081)	－0.9336** (0.4351)	－0.1666* (0.0891)

解释变量	被解释变量：全要素生产率对数（lntfp）				
	模型11 八大类 产品企业	模型12 八大类产品 外资企业	模型13 八大类产品 内资企业	模型14 八大类产品 国有企业	模型15 八大类产品 非国有企业
$LCR \times VForSh$	0.2792 **	0.3462	0.2929 *	0.2606	0.2766 *
	(0.1368)	(0.2963)	(0.1507)	(0.5833)	(0.1413)
$LCR \times \ln MkSize$	−0.0050	0.0585	−0.0184	−0.0996	0.0056
	(0.0211)	(0.0502)	(0.0227)	(0.1026)	(0.0216)
$LCR \times \ln hhi$	0.0123	−0.0847	0.0274	−0.0558	0.0265
	(0.0306)	(0.0831)	(0.0318)	(0.1961)	(0.0311)
$Tariff$	−0.8173 *	1.8329 *	−1.5259 ***	−1.2812	−0.7986 *
	(0.4513)	(1.1021)	(0.4779)	(1.5752)	(0.4709)
$ForSh$	0.2308 ***	−0.2784 ***	0.8654 *	2.5574 ***	0.2051 ***
	(0.0344)	(0.1033)	(0.4499)	(0.4987)	(0.0345)
$StaSh$	−0.1465 ***	0.5942 **	−0.1882 ***	0.1931	0.8416 ***
	(0.0527)	(0.2354)	(0.0515)	(0.4004)	(0.2219)
age	−0.0078 ***	−0.0028	−0.0068 ***	−0.0011	−0.0073 ***
	(0.0010)	(0.0048)	(0.0010)	(0.0033)	(0.0011)
$\ln l$	0.5454 ***	0.5409 ***	0.5215 ***	0.5162 ***	0.5387 ***
	(0.0110)	(0.0269)	(0.0120)	(0.0555)	(0.0112)
观测值	6696	1528	5168	387	6309
调整的 R²	0.375	0.398	0.371	0.535	0.378

注：***，**，*分别代表在0.01，0.05和0.1的水平上显著。

表5－11 国产化政策与生产率：按产品类别对市场

进一步细分（单位劳动生产率衡量）

解释变量	被解释变量：单位劳动生产率对数（lnlp）				
	模型16 八大类产品 企业	模型17 八大类产品 外资企业	模型18 八大类产品 内资企业	模型19 八大类产品 国有企业	模型20 八大类产品 非国有企业
LCR	0.0917	0.1061	0.0948	2.3657	−0.1786
	(0.4835)	(1.1851)	(0.5138)	(2.7462)	(0.4919)

续表

解释变量	被解释变量：单位劳动生产率对数（lnlp）				
	模型16 八大类产品 企业	模型17 八大类产品 外资企业	模型18 八大类产品 内资企业	模型19 八大类产品 国有企业	模型20 八大类产品 非国有企业
$HForSh$	0.1142	0.5706***	−0.3511***	−0.0576	0.1174
	(0.0873)	(0.1981)	(0.1045)	(0.4024)	(0.0894)
$VForSh$	−0.1064	−0.4132	0.0385	0.3086	−0.1003
	(0.1351)	(0.2823)	(0.1515)	(0.5285)	(0.1396)
ln$MkSize$	0.1443***	0.1812***	0.1361***	0.3324***	0.1259***
	(0.0192)	(0.0485)	(0.0204)	(0.0811)	(0.0198)
lnhhi	0.0014	0.0458	−0.0058	0.3923**	−0.0235
	(0.0301)	(0.0797)	(0.0314)	(0.1598)	(0.0307)
$LCR \times HForSh$	−0.1865**	0.2628	−0.0890	−1.1302**	−0.1543
	(0.0931)	(0.2218)	(0.1150)	(0.4497)	(0.0953)
$LCR \times VForSh$	0.2853*	0.3590	0.2938*	−0.0012	0.2910*
	(0.1462)	(0.3189)	(0.1603)	(0.6029)	(0.1512)
$LCR \times$ ln$MkSize$	−0.0006	0.0558	−0.0120	−0.0894	0.0101
	(0.0225)	(0.0541)	(0.0242)	(0.1060)	(0.0231)
$LCR \times$ lnhhi	0.0082	−0.1193	0.0266	−0.1085	0.0249
	(0.0327)	(0.0894)	(0.0339)	(0.2027)	(0.0333)
$Tariff$	−1.1505**	1.9489	−1.9509***	−1.5783	−1.1464**
	(0.4824)	(1.1860)	(0.5083)	(1.6281)	(0.5038)
$ForSh$	0.4681***	−0.1413	1.3654***	2.9464***	0.4412***
	(0.0368)	(0.1111)	(0.4785)	(0.5155)	(0.0369)
$StaSh$	−0.0056	0.8447***	−0.0648	0.3945	1.1050***
	(0.0564)	(0.2533)	(0.0547)	(0.4138)	(0.2374)
age	−0.0041***	−0.0048	−0.0025**	0.0016	−0.0032***
	(0.0011)	(0.0052)	(0.0011)	(0.0034)	(0.0012)
ln$l$	−0.0866***	−0.1051***	−0.1073***	−0.1235**	−0.0933***
	(0.0118)	(0.0289)	(0.0127)	(0.0574)	(0.0120)

续表

解释变量	被解释变量：单位劳动生产率对数（lnlp）				
	模型16 八大类产品 企业	模型17 八大类产品 外资企业	模型18 八大类产品 内资企业	模型19 八大类产品 国有企业	模型20 八大类产品 非国有企业
观测值	6696	1528	5168	387	6309
调整的 R^2	0.154	0.174	0.150	0.435	0.152

注：***，**，* 分别代表在0.01，0.05和0.1的水平上显著。

3. 进一步讨论：国产化政策、税收减免与零部件企业生产率

中国产业政策的一大特点是手段多、涉及领域广，作为国家支持的重点行业，除了国产化政策，政府对汽车工业的产业政策还涉及了进入准入、兼并重组、自主发展等多个方面。江飞涛和李晓萍（2012）指出政府对产业政策工具的过度使用反而会导致制定和实施产业政策中的错乱。因此，一个有意思的问题是，同一时期的其他产业政策是否对国产化政策的实施效果产生了影响，即国产化政策和其他产业政策之间是否存在互补或替代的关系。同上文一样，本章同样以政府广泛使用的税收减免政策为例回答这一问题。

长期以来，税收减免是各级政府招商引资，支持地区和产业发展的重要手段，包括外资企业、重点扶持行业企业、经济开发区企业在内的大量企业在税收减免政策下，享受到了低于法定税率的实际税率。对企业是否享受了税收减免政策的定义和Aghion等（2015）、Du等（2014）一样：如果零部件企业当年实际缴纳的所得税税率低于法定税率[①]，就认为这家企业当年享受了税收减免政策。表5-12给出了2002~2007年中国全部制造业行业、整车制造业和

---

① 2002~2007年，根据《中华人民共和国企业所得税暂行条例》规定：应纳税所得额在3万元（含3万元）以下的内资企业，按18%的税率征收所得税；应纳税所得额在10万元（含10万元）以下至3万元的内资企业，按27%的税率征收所得税；应纳税所得额在10万元以上的内资企业按33%的税率征收所得税；外资企业则按30%的税率征收所得税。

汽车零部件制造业受政府税收减免的企业比例。这一时期，大约一半的企业都享受了政府的税收减免政策。该政策对外资企业的倾向性在汽车零部件制造业中尤为突出：2002年，81.38%的外资零部件企业受到了政府的税收减免，而在所有行业和整车制造行业中这一比例分别为68.10%和70.59%；2007年仍有77.49%的外资零部件企业享受了政府的税收减免，这一比例虽然略低于受减免的外资整车企业（78.38%），但仍然高于全部制造业中受减免的外资企业比例（71.16%）。

表5-12　2002~2007年所有制造行业和汽车相关行业受税收减免企业比例

单位:%

年份	全部制造行业				整车制造业				汽车零部件制造业			
	样本数量	受减免企业比例			样本数量	受减免企业比例			样本数量	受减免企业比例		
		所有企业	外资企业	内资企业		所有企业	外资企业	内资企业		所有企业	外资企业	内资企业
2002	90389	49.9674	68.0974	45.1758	101	51.4852	70.5882	47.6191	1794	52.1739	81.3814	45.5168
2003	111723	50.3576	68.3233	45.7161	125	60.0000	72.7273	57.2816	2514	49.3636	79.6976	42.5159
2004	183522	45.3793	65.5016	40.2252	176	48.8636	67.6471	44.3662	4278	44.2263	70.0957	37.9431
2005	165789	50.5969	68.8332	45.7135	138	52.1739	60.0000	50.0000	4051	49.7408	73.4043	43.4945
2006	188546	50.8030	70.8041	45.7096	158	48.7342	63.8889	44.2623	4711	49.7984	70.7013	43.8692
2007	212752	53.6677	71.1615	49.4687	173	63.5838	78.3784	59.5588	5655	54.2882	77.4878	47.8663

为了分析国产化政策对受税收减免企业和不受税收减免企业生产率的影响是否存在差异，对受减免企业和未受减免企业子样本分别进行回归。表5-13模型21和模型22给出了回归结果。结果显示，在国产化政策下，FDI对两类企业的纵向技术溢出存在显著差异：FDI对未受减免企业产生了正的纵向技术溢出，而对受减免企业并无显著的纵向溢出。由此看来，税收减免政策似乎使企业失去吸收学习新技术的动力。将被解释变量换成劳动生产率之后，发现结论并不会发生太大改变，结果展示在模型23和模型24中。

表 5 - 13 国产化政策、税收减免与生产率

解释变量	全要素生产率对数（ln*tfp*）		单位劳动生产率对数（ln*lp*）	
	模型 21	模型 22	模型 23	模型 24
	受减免企业	未受减免企业	受减免企业	未受减免企业
LCR	1.0137 ***	1.5938 ***	1.0557 ***	1.7580 ***
	(0.3618)	(0.3370)	(0.3936)	(0.3520)
HForSh	0.0007	- 0.5356 ***	0.0219	- 0.6478 ***
	(0.1758)	(0.1862)	(0.1913)	(0.1945)
VForSh	0.0262	- 0.0368	0.0516	- 0.0499
	(0.0916)	(0.0989)	(0.0996)	(0.1033)
ln*MkSize*	0.2538 ***	0.2198 ***	0.2835 ***	0.2298 ***
	(0.0318)	(0.0333)	(0.0346)	(0.0347)
ln*hhi*	- 0.0123	0.0175	- 0.0068	0.0219
	(0.0182)	(0.0164)	(0.0198)	(0.0171)
LCR × *HForSh*	- 0.2638 ***	- 0.1880 **	- 0.3079 ***	- 0.1753 *
	(0.0848)	(0.0898)	(0.0923)	(0.0938)
LCR × *VForSh*	0.1308	0.2755 **	0.0896	0.3172 ***
	(0.1074)	(0.1084)	(0.1169)	(0.1133)
LCR × ln*MkSize*	- 0.0273	- 0.0444 **	- 0.0184	- 0.0446 **
	(0.0192)	(0.0177)	(0.0209)	(0.0185)
LCR × ln*hhi*	- 0.0716 ***	- 0.1238 ***	- 0.0939 ***	- 0.1420 ***
	(0.0187)	(0.0170)	(0.0204)	(0.0178)
Tariff	0.2966	- 0.1877	0.1496	- 0.2685
	(0.4584)	(0.4853)	(0.4987)	(0.5070)
N	11450	11453	11450	11453
调整的 R^2	0.386	0.240	0.156	0.123

注：本部分省略了 ln*hhi*、*ForSh*、*StaSh*、*age*、ln*l* 等控制变量系数的估计结果，这些变量的估计结果和表 5 - 11 差异不大。***，**，* 分别代表在 0.01，0.05 和 0.1 的水平上显著。

考虑到企业之间的技术外部性，税收减免政策对国产化政策实施效果的影响还存在另一种机制。Du 等（2014）发现中国的税收减免政策对技术外部性更强的部门具有明显的倾向性。也就是说，国产化政策下获税收减免的 FDI 较之未获税收减免的 FDI 可能会产生更多技术溢出。参考 Du 等（2014）的方法

将一个省的零部件外资比例和整车外资比例 $HForSh_{jt}$、$VForSh_{jt}$ 分别分解成获税收减免和未获税收减免的部分：

$$HForShT_{jt} = \frac{\sum_i output_{ijt} ForSh_{ijt}\, taxholiday_{ijt}}{\sum_i output_{ijt}}$$

$$HForShNT_{jt} = \frac{\sum_i output_{ijt} ForSh_{ijt}\,(1 - taxholiday_{ijt})}{\sum_i output_{ijt}}$$

$$VForShT_{jt} = \frac{\sum_k output_{kjt} ForSh_{kjt}\, taxholiday_{kjt}}{\sum_k output_{kjt}}$$

$$VForShNT_{jt} = \frac{\sum_k output_{kjt} ForSh_{kjt}\,(1 - taxholiday)_{kjt}}{\sum_k output_{kjt}}$$

$taxholiday_{ijt}$ 为企业是否受到税收减免的哑变量，其取值为 1，表示 t 时期 j 省的企业 i 受到了税收减免，取值为 0，表示未受税收减免。$HForShT_{jt}$、$HForShNT_{jt}$ 分别表示 t 时期 j 省上游零部件行业受到税收减免和未受税收减免的外资资本比例。$VForShT_{jt}$、$VForShNT_{jt}$ 分别表示整车行业受税收减免和未受税收减免的外资资本比例。将基本式（5-2）中的 $HForSh_{jt}$、$VForSh_{jt}$ 分别替换成 $HForShT_{jt}$、$HForShNT_{jt}$、$VForShT_{jt}$、$VForShNT_{jt}$，就能将受税收减免和不受税收减免的 FDI 技术溢出进行区分。表 5-14 给出了相关回归的结果，其中模型 25 对所有样本进行了回归，模型 26 和模型 27 分别对受减免企业和未受减免企业子样本进行了回归。

在全体样本的回归结果中，受减免整车行业外资比例与 LCR 的交叉项（$LCR \times VForShT$）显著为正，未受减免整车和零部件行业外资比例与 LCR 的交叉项（$LCR \times VForShNT$）为负但不显著。这表明在国产化政策下，对上游零部件企业的纵向主要来自受到税收减免的下游外资整车厂商。类似的结果也出现在未受减免企业的子样本回归结果中。而在受减免企业子样本中，$LCR \times HForShT$ 与 $LCR \times HForShNT$ 的系数均显著为负，但后者的绝对值更大，国产化政策下受减免企业得到的负的横向技术溢出效应更多地来自未受减免的 FDI。总的来说，受减免的 FDI 更好地向其他企业发生了技术溢出或转移。表

5－14 中的模型 28～30 将被解释变量换成单位劳动生产率对数，估计结果同样没有发生太大改变。

由此看来，国产化政策与同时期的税收减免政策之间的关系存在两面性。在国产化政策下，受税收减免的 FDI 更好地向其他企业发生了技术转移或溢出，受税收减免的企业本身却缺乏消化吸收、技术转移或溢出的动力。前者与 Du 等（2014）的发现一致，也通过经验研究验证了 Davies 和 Ellis（2007）的理论发现：政府在利用税收补贴吸引 FDI 的同时却不愿意抛弃国产化政策的重要原因之一在于，两者之间存在一定的互补关系，国产化政策使跨国公司选择对东道国最优的技术溢出水平，解决了 FDI 技术溢出的外部性。

表 5－14　国产化政策、税收减免与 FDI 技术溢出异质性

	全要素生产率对数（lntfp）			单位劳动生产率对数（lnlp）		
	模型 25	模型 26	模型 27	模型 28	模型 29	模型 30
	全部样本	受减免企业	未受减免企业	全部样本	受减免企业	未受减免企业
LCR	1.9050 ***	1.5414 ***	1.7676 ***	2.0548 ***	1.5788 ***	1.9547 ***
	(0.2624)	(0.3807)	(0.3505)	(0.2797)	(0.4142)	(0.3661)
$HForShT$	−0.1186	0.0877	−0.4954 **	−0.1525	0.1401	−0.6316 ***
	(0.1345)	(0.1810)	(0.1928)	(0.1434)	(0.1970)	(0.2013)
$HForShNT$	0.4243	0.9803 *	0.6009	0.4814	0.8760	0.8573
	(0.3794)	(0.5032)	(0.5515)	(0.4044)	(0.5475)	(0.5761)
$VForShT$	0.1631 **	0.2099 **	0.0396	0.1734 **	0.2460 **	0.0171
	(0.0794)	(0.1039)	(0.1192)	(0.0847)	(0.1131)	(0.1245)
$VForShNT$	−0.3086 ***	−0.3111 **	−0.2641 *	−0.3134 ***	−0.3137 **	−0.2649 *
	(0.0978)	(0.1264)	(0.1493)	(0.1042)	(0.1375)	(0.1559)
ln$MkSize$	0.2565 ***	0.2754 ***	0.2098 ***	0.2766 ***	0.2983 ***	0.2240 ***
	(0.0254)	(0.0352)	(0.0353)	(0.0271)	(0.0383)	(0.0368)
lnhhi	0.0217 *	0.0086	0.0343 **	0.0289 **	0.0156	0.0403 **
	(0.0128)	(0.0187)	(0.0169)	(0.0136)	(0.0204)	(0.0176)
$LCR \times$ $HForShT$	−0.2029 **	−0.2742 **	−0.0570	−0.2148 **	−0.3475 ***	−0.0067
	(0.0852)	(0.1126)	(0.1252)	(0.0908)	(0.1225)	(0.1307)

续表

	全要素生产率对数（lntfp)			单位劳动生产率对数（lnlp)		
	模型 25	模型 26	模型 27	模型 28	模型 29	模型 30
	全部样本	受减免企业	未受减免企业	全部样本	受减免企业	未受减免企业
$LCR \times$ $HForShNT$	− 1. 6569 ***	− 1. 5114 **	− 1. 9364 ***	− 1. 7675 ***	− 1. 4104 **	− 2. 2357 ***
	(0. 4638)	(0. 6156)	(0. 6708)	(0. 4944)	(0. 6697)	(0. 7006)
$LCR \times VForShT$	0. 1589 *	0. 0403	0. 3298 ***	0. 1683 *	0. 0086	0. 3840 ***
	(0. 0888)	(0. 1198)	(0. 1273)	(0. 0946)	(0. 1303)	(0. 1330)
$LCR \times$ $VForShNT$	− 0. 0058	0. 1442	− 0. 0945	− 0. 1047	− 0. 0583	− 0. 0776
	(0. 1803)	(0. 2454)	(0. 2556)	(0. 1922)	(0. 2670)	(0. 2670)
$LCR \times$ ln$MkSize$	− 0. 0645 ***	− 0. 0520 ***	− 0. 0533 ***	− 0. 0629 ***	− 0. 0436 **	− 0. 0546 ***
	(0. 0136)	(0. 0199)	(0. 0182)	(0. 0145)	(0. 0216)	(0. 0190)
$LCR \times$ lnhhi	− 0. 1068 ***	− 0. 0829 ***	− 0. 1228 ***	− 0. 1267 ***	− 0. 1017 ***	− 0. 1421 ***
	(0. 0134)	(0. 0194)	(0. 0178)	(0. 0143)	(0. 0212)	(0. 0186)
$Tariff$	0. 5311	0. 6385	− 0. 1764	0. 4162	0. 4669	− 0. 2342
	(0. 3487)	(0. 4729)	(0. 4919)	(0. 3717)	(0. 5145)	(0. 5138)
N	22903	11450	11453	22903	11450	11453
调整的 R^2	0. 329	0. 387	0. 241	0. 140	0. 158	0. 125

五、结论与政策建议

本章利用 1998 ~ 2007 年中国汽车零部件企业和整车制造企业的微观数据，实证分析了外资的技术溢出对汽车零部件企业生产率的影响，并利用 2005 年的国产化政策重新实施这一事件，分析了国产化政策在这一过程中的作用。我们的结果显示：①1998 ~ 2007 年，零部件企业的技术进步特别是内资零部件企业的技术进步很大程度上来源于下游整车企业的纵向技术溢出，而零部件行业本身的 FDI 技术溢出并不显著，对内资零部件企业而言，外资零部件大举进入甚至对其生产率的提升产生了负影响。②这种纵向溢出离不开国产化政策对整车厂商本地化零部件采购比例的要求，2005 年之后国产化政策的重新实施使得下游整车厂商向上游零部件厂商的纵向技术转移和溢出更加明显，不过短期内市场规模的扩张和短期内市场垄断程度的上升使零部件企业产生了技术改进的惰性。③国产化政策对企业生产率的影响方式在不同所有制结构的企业之间存在差异：内资企业、非国有企业更多地从整车厂商的技术溢出中获益，而外资企业则更多地从市场规模的扩大中获益，国产化政策对国有企业的生产率影响不显著。④国产化政策和同一时期税收减免政策之间的关系存在两面性。在国产化政策下，受税收减免的 FDI 向其他企业发生了更多的技术转移，而受税收减免的企业本身却缺乏提升效率的动力。

我们的结果陈述了这样一个事实，我国零部件企业生产率的进步离不开两个方面的因素：一是外资的进入带来了技术溢出；二是国产化政策对上游整车厂商零部件本地化采购比例的要求。1998～2007 年，跨国汽车企业通过合资的形式进入中国整车制造行业达到高峰时期，在国产化政策的要求下，外来车型的国产化过程中很大程度需要依赖于对零部件的本土采购。在这一过程中，为了使上游零部件供应商的产品达到供应要求，整车厂商需要对其进行技术和人员培训，本土零部件企业的技术进步很大程度上得益于这其中的技术溢出；整个零部件市场规模的扩张使得零部件企业通过"干中学"积累经验也增大了企业的投资回报率，这些都有助于企业的技术提升；这一时期零部件数量的急剧上升伴随的市场竞争的加剧，也对企业的技术改进产生了一定的激励作用。

本章结论对以高端装备制造业为代表的战略新兴行业建设具有重要的启示性。回顾我国汽车工业发展历程，国产化政策不仅提升了零部件企业生产率，也促进了整个汽车零部件工业体系的形成，更为日后汽车自主品牌的发展打下了基础。20 世纪 80 年代以上海大众为代表的合资企业进入中国市场之初，本土零部件企业并不具备向这些整车厂供应零部件的能力。始于 20 世纪 90 年代的国产化政策使这一状况得以改观，通过促进外资整车企业与本土零部件企业的后向连接，国产化政策提升了本土零部件企业的生产率，使得他们逐渐具备了可靠的零部件供应能力。随着越来越多的外资整车企业进入中国市场，一个健全的汽车零部件工业体系也逐渐形成，这也为后来吉利、奇瑞等自主品牌的发展打下了基础。这种产业链上下游间的高效有机统一提升了上游环节的全要素生产率，产业关联的提升加速了中国汽车工业自主创新而不受国外零部件行业的约束，加强了中国汽车工业的国际竞争力。由此可见，在当前战略新兴行业的工业主体建设中，提升本土企业的基础配套能力对行业今后的自主发展至关重要。

本章发现国产化政策对企业全要素生产率有促进作用，以及国产化政策与同时期税收减免政策之间的互补关系也对政府今后产业政策的制定有一定的指导作用。诚然，贸易自由化已经成为不可逆转的趋势，国产化政策这类贸易保护主义政策终究不能持续。不过这正如本章结论指出的那样，合适的产业政策对实现市场经济目标有帮助，在引进外资和高新技术的过程中，国产化政策与税收减免政策之间的互补关系能够缓解由市场机制失灵带来的外部不经济问题，政府仍然可以通过税收减免等其他政策手段有效地发挥技术溢出的外部性，引导先进技术向上游基础配套企业流动，帮助这些行业建立起完整的工业体系，为行业今后的自主发展打下基础。随着供给侧结构性改革的进一步深入，产业政策手段频出，政府应该更加重视政策工具在不同阶段的有机组合，取长补短，使各产业政策形成合力而保证企业的效率提升。

应当指出的是，产业政策同样不应被过度使用。正如本章所发现的那样，与大多数保护政策一样，国产化政策的负面效应同样存在。不论是从全样本企业看，还是从内资企业以及非国有企业子样本看，国产化政策下效率改进的惰性都非常明显。另外，在同时期的税收减免政策下，受税收减免的企业同样缺乏消化吸收、技术转移或溢出的动力。这说明，作为市场机制失灵时的辅助手段，产业政策也不是"万能的良药"，政府一项产业政策出台前后，需要认真考虑如何尽可能地减少保护政策所带来的副作用。一旦受保护企业中出现由于市场竞争压力减轻，降低乃至丧失改进技术、削减成本和改善经营的积极性，那么政府为了将企业拨回产业政策目标的原有轨道上来，要么减小政策强度直至取消原有政策，以更加自由的市场竞争刺激企业做大做强，要么"采取一些带有强制性的管制措施，对受保护企业的规模经济水平、技术进步程度做出规定"（夏大慰和史东辉，1995）。

总的来说，这两章的结论表明，经济的对内和对外开放促进了零部件行业的绩效提升。下一章开始我们将从产业链的角度回答一个更为重要的问题：零部件行业的绩效变化对下游整车行业产生了怎样的溢出作用？后两章我们将分别分析零部件行业绩效变化对整车企业绩效和整车行业竞争结构的溢出效应。下一章对整车企业绩效的溢出效益的分析基于如下事实：随着零部件行业的技术进步，下游乘用车企业特别自主品牌乘用车企业逐步控制了上游关键零部件的技术。以发动机为例，2000年我国自主品牌新车型的发动机技术完全来自跨国公司，而到2013年，自主品牌新车型的发动机已经完全实现了主机厂自行供给。接下来我们将看到这种关键技术的掌握促进了自主品牌市场绩效的提升，也即零部件行业绩效变化对自主品牌企业市场绩效产生了溢出效应。

第六章 零部件对整车行业的溢出效应 I ：关键零部件一体化与自主品牌的市场绩效①

一、引言

前两章我们从零部件行业的总体绩效和企业的微观绩效两个方面展现了汽车零部件行业在汽车行业发展最为迅速的 10 年的技术进步情况。本章开始，我们回到一个更重要的问题：从整个产业链来看，零部件企业技术进步为什么重要，它将对下游整车行业产生怎样的溢出效应。本章将首先关注零部件行业对整车企业绩效的溢出效应。随着零部件行业的技术进步，下游乘用车企业特别是自主品牌乘用车企业逐步控制了上游关键零部件的技术，基于这一事实，我们实证分析自主品牌企业对关键零部件技术的掌握与其市场绩效之间的关系。

作为工业后发国家，技术引进或购买对我国企业对发达国家的技术追赶发挥了重要作用，大量企业通过这一方式直接获得了新产品，并占领了市场份额。然而随着国家对自主创新能力和自主发展能力的强调，这种拿来主义背后

---

① 本章主要内容以《外部研发、一体化生产与自主品牌动态绩效——来自中国乘用车行业的证据》为题发表于《管理评论》2018 年，第 30 卷第 6 期，第 55 – 69 页，作者：谭诗羽、白让让。

的企业关键技术的缺失令人担忧。我国乘用车行业就是其中的典型代表。20世纪 90 年代末以来，合资企业借助外方母公司的成熟车型占据了我国乘用车市场的主导地位。经过 20 年的发展，合资企业的关键技术仍然掌握在跨国公司手中。相比之下，行业的后进者自主品牌，由于缺乏先进技术支持，通过自身的研发投入，在核心技术掌握、新车开发方面取得了长足的进步。在特定细分市场领域，长城、吉利、奇瑞等自主品牌都已经成长为其中的代表型企业。

自主品牌对核心技术纵向一体化与其市场绩效之间是否存在关系？已有文献看来，经验研究并没有就企业生产一体化（外包）与新产品绩效或其他创新产出之间的关系达成共识（Rothearmel 等，2006；Kapoor 和 Adner，2012；Novak 和 Stern，2008）。外包虽然减少了企业的固定资产投资和生产成本，降低了企业的风险（Quinn，1990）。但这一过程中交易成本的上升以及核心能力的空心化（Forbes 和 Lederman）却不利于企业创新绩效的提升。外包行为早已不局限在生产环节，越来越多的企业将外包活动延伸到价值链高端的研发环节。传统的内部研发能给企业带来规模经济效应，建立行业的进入壁垒（Teece，1986），但知识的更新换代使得企业从外部获得创新资源越发有必要（Quinn，2000）。从经验研究发现研发外包与企业创新绩效之间的正向或倒 U 形关系来看（Bertrand 和 Mol，2013；Berchicci，2013；Nieto 和 Rodríguez，2011），外部知识至少在一定范围内促进了企业的创新。不过要使外部知识转化成有效的创新绩效，企业自身的吸收能力必不可少（Cohen 和 Levinthal，1990）。以中国为背景的研究发现，虽然技术引进在本土企业生产效率或创新绩效的提升起到了积极作用（刘小鲁，2011；陈启斐等，2015），但从企业的长远发展来看，自身对核心技术的掌握仍然重要（刘小鲁，2011；吴延兵，2008）；核心技术掌握对企业创新的促进作用明显优于技术引进或外包（吴延兵，2008；储德银和张同斌，2013），另外为掌握核心技术而自主研发的过程帮助了企业吸收和学习能力的形成，使其更好地利用外部技术进行创新（宋宝香等，2011；陶峰，2011）。

尽管已有文献围绕一体化与创新之间的关系展开了丰富的探讨，仍存在一些值得改进的地方：相关文献在对一体化进行衡量时均只考虑了生产或研发的单一环节（David 等，2013；Adner 和 Kapoor，2010），不利于甄别影响企业创新产出的关键环节所在；许多研究侧重于企业层面，然而企业的绩效可能只是企业自我选择的结果（Pieri 和 Zaninotto，2011），解决这一问题的方法之一就是从产品层面进行分析，而相关的研究则较为稀缺（Novak 和 Stern，2008；Park 和 Ro，2011）；大多数研究仅关注企业的静态绩效，有证据表明一体化对产品短期和长期绩效的影响存在差异（Novak 和 Stern，2008）；国内学者关于不同技术获取模式对企业生产率和创新效率影响的研究主要基于省际面板数据（吴延兵，2008）或跨行业数据（陈启斐等，2015；储德银和张同斌，2013），而忽视了不同行业技术基础和内外部环境的差异性。本章以中国乘用车行业为背景，基于 1986～2013 年 179 款自主品牌乘用车的微观数据，利用车型关键零部件的一体化情况对自主品牌核心技术的掌握进行衡量，实证分析核心技术掌握与自主品牌产品市场绩效之间的关系。该分析既考虑了企业规模在这一过程中的调节作用，又控制了产品层面和市场层面的其他因素对市场绩效的影响。为了解决企业对一体化选择的内生性问题，本章主要的计量模型控制了企业个体差异，考虑到同一企业在不同时期对研发和生产模式的选择同样可能存在内生性，在稳健性检验部分又控制了产品推出时间的差异。

我们的实证结果发现：①关键零部件一体化程度的上升是提升自主品牌产品的短期和长期绩效的主要因素，即对核心技术掌握有利于自主品牌市场绩效的提升，并且这一作用在长期持续并进一步放大。不过企业规模扩张带来的一体化交易成本的上升，对市场绩效的提升是不利的。②关键零部件一体化对市场绩效的影响在不同所有制结构的企业中存在差异，其对产品短期和长期绩效的促进作用都主要发生在民营企业当中，而对坐拥资金和其他资源优势的国有企业影响并不显著。③与关键零部件一体化情况相比，车型的前期开发模式并不能持续地影响产品的绩效，虽然自主研发相对于技术引进在短期内能够提升产品的市场绩效，从长期来看不同的研发模式对市场绩效的影响无显著差异。④自主品牌市场绩效同样受到产品的平台模式影响，现阶段，受自主品牌企业规模以及与供应商协调能力的限制，丰田平台的和非丰田平台的引进无法给自主品牌产品带来持续的市场绩效。相反，这些引进平台在国内的水土不服反而对产品的短期和长期绩效产生了不利影响。⑤市场结构对产品的短期绩效和长期绩效均产生了显著影响，随着自主品牌产品日益同质化，产品间市场份额的蚕食效应越发明显。

总的来说，本章陈述了这样一个事实：对上游零部件关键技术的控制能够提升自主品牌产品的市场绩效：从2000年初自主品牌企业蹒跚起步开始到2013年，自主品牌在发动机这一关键零部件的自主研发和自行配套供给方面已经取得了长足的进步，为其产品的品质提供了保障，并最终转换成了产品的持续市场绩效。这说明，上游零部件行业的技术进步特别是关键零部件行业的技术进步与下游整车行业的自主发展能力息息相关，只有核心技术不受制于人，自主品牌产品才能取得持续的市场成功。多年的国产化运动已经使我国具备了一个完善的零部件供应体系，在日益标准化的发动机总成等方面近年来也表现明显，但是在自动变速箱总成、电喷等关键零部件方面核心技术仍然被跨国公司控制，由此可见关键零部件领域的技术的进一步发展仍然任重而道远。

本章的研究意义主要体现在以下两个方面：①研究的结论对当前以装备制造业为代表的战略新兴行业主体建设具有一定的启示性。提升上游基础行业的技术能力，特别是通过加大对核心技术研发投入提升技术掌握能力，对行业今后的自主发展至关重要。②研究的结论同时有益于反思我国汽车工业的合资模式和自主模式：合资模式对我国整个乘用车市场的培育做出了巨大的贡献，然而就乘用车今后的长远发展来看，自主模式才是我国乘用车行业摆脱跨国公司核心技术控制获得独立自主发展能力的唯一选择，虽然从短期来看，巨大的研发投入增加了企业的风险，但是只有掌握了核心技术才能换来产品持续的市场成功。

后文的结构安排如下：第二部分介绍了行业背景，其中重点介绍了我国自主品牌的发展情况以及自主企业对关键技术的掌握；第三部分给出了计量模型，并对数据和变量进行了说明；第四部分至第六部分给出了实证结果并进行了讨论；第七部分是对全书的总结并给出了研究的现实意义。

二、行业背景

1. 我国乘用车自主品牌发展概况

我国乘用车行业作为政府规制较多的行业，自主品牌的发展并非是一帆风顺的。由于同时坐拥国有企业背景和外资的技术支持，合资品牌长久以来一直占据了我国乘用车市场的主导地位。不过近年来，随着自主品牌自身研发投入的加大，以及国家对这一行业自主发展能力的重视，以奇瑞、长城为代表的自主品牌在乘用车市场特别是特定细分市场中扮演着越来越重要的角色。以新车型的开发和推出为例，自主品牌近年来已经实现了对合资品牌的赶超。图 6 - 1 的曲线给出了 1999 ~ 2012 年中国乘用车市场中合资品牌和自主品牌当年新

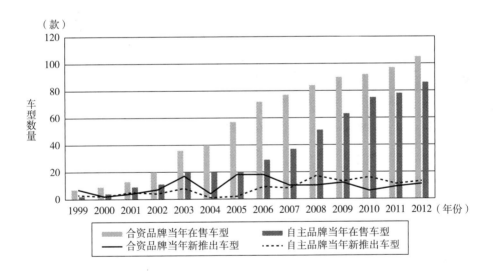

图 6 - 1　1999 ~ 2012 年中国乘用车市场自主品牌和合资品牌

当年在售车型数量和新推出车型数量

资料来源：作者根据历年的《中国汽车工业年鉴》乘用车产销数据中列出的车型和每年新增的车型进行了统计。

推出车型数量，柱形表示两类企业当年在售车型数量。自 2008 年起，自主品牌每年新推出车型数量已经超越合资品牌。2012 年，16 家自主品牌和 21 家合资品牌推出的新车型分别为 13 款和 11 款，在售车型分别达到 86 款和 105 款。然而从新产品的市场绩效来看，自主品牌高速扩张背后的问题仍然存在。图6－2 给出了 1999～2012 年合资品牌和自主品牌乘用车销量。经历了 2008～2018 年 10 年的快速扩张后，自 2011 年起自主品牌的销量遭遇了持续的下滑，而同一时期合资品牌的销量稳步增长。

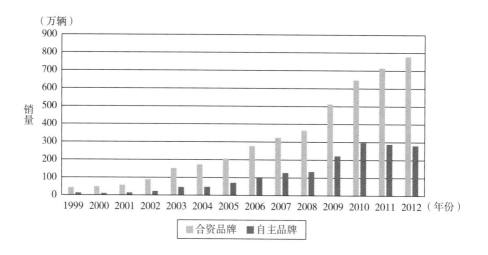

图6－2　1999～2012 年中国乘用车市场自主品牌和合资品牌乘用车销量

资料来源：作者根据历年的《中国汽车工业年鉴》乘用车产销数据进行了统计。

2. 自主品牌乘用车核心技术掌握情况

由于缺少外来技术的支持，自主品牌的发展和其自身的研发投入是密不可分的。近年来，对核心技术的掌握已经取得了长足的进步。考虑到以下几点事实，我们用发动机的纵向一体化程度衡量自主品牌对核心技术的掌握情况：第一，发动机技术一直被视作汽车厂商的核心竞争力，各整车厂商都对发动机供给的可靠性高度重视。虽然就非核心零部件而言，企业可能处于成本的考虑选择外部购买，几乎所有具有发动机技术的厂商都会选择主机厂配套的方式纵向一体化供给发动机；因此，发动机供给的一体化情况可以如实反映企业对该领域核心技术的掌握情况。第二，发动机领域是我国自主品牌进步较为明显的领域，图6-3给出了2000~2013年自主品牌新推出车型的新车型数量以及主机厂自行配套发动机的车型占比。在自主品牌刚刚起步的2000年，我国自主品牌完全不具备发动机自行配套供给的能力，所有新车型的发动机都由外部供给；随着自主品牌对新车型推出的力度加大，对发动机技术的掌握也日益重视，2006年自主品牌新车型推出达到高峰，达到19款，其中有主机厂自行配套的车型比例达到63%；到2013年，自主品牌基本实现了对发动机技术的控制，新车型的发动机完全由主机厂自行配套生产。相比之下，同属关键零部件的变速箱仍然被全球几大巨头垄断。总的来说，自主品牌在发动机核心技术掌握方面的变化，为我们研究核心技术的掌握对市场绩效的影响之间的关系提供了可能。核心技术的掌握对自主品牌新产品的市场绩效产生了怎样的影响，还有哪些其他因素会影响自主品牌的市场绩效？给自主品牌带来持续市场绩效的关键因素是什么？后文的计量模型将回答这些问题。下面我们对本章的计量模型进行介绍。

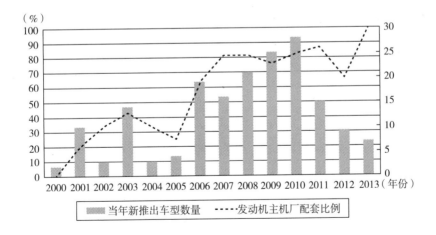

图6-3 2000~2013年自主品牌新推出车型数量与主机厂自行配套发动机所占比例

资料来源：作者根据"汽车之家""盖世汽车"等汽车资讯网站的车型发动机型号以及对应的供应商信息进行了统计。

三、计量模型、变量说明和数据

1. 计量模型和变量说明

我们利用 OLS 回归分析发动机纵向一体化情况对市场绩效的影响。Novak 和 Stern（2008）发现在美国汽车行业，一体化与汽车新市场绩效之间存在动态关系：虽然一体化不利于汽车新产品的短期成功，但却能提升汽车新产品的长期绩效。而在中国乘用车行业，生命周期短似乎成为了自主品牌车型的一个通病，因此区分发动机一体化情况对其产品短期绩效和长期绩效的影响就中国乘用车自主品牌而言尤为重要。我们用下面的计量模型式（6 - 1）和式（6 - 2）分别就发动机纵向一体化情况对产品短期和长期绩效的影响进行分析：

$$per_i^{short} = \beta_0^{short} + \beta_1^{short} engvi_i + \beta_2^{short} engvi_i \times size_i^{short} + \beta_3^{short} size_i^{short} + \beta_4^{short} techmode_i +$$
$$\beta_5^{short} platmode_i + \beta_6^{short} inrnd_i^{short} + \beta_7^{short} hhi_i^{short} + \varepsilon_i^{short} \qquad (6-1)$$

$$per_i^{long} = \beta_0^{long} + \beta_1^{long} engvi_i + \beta_2^{long} engvi_i \times size_i^{long} + \beta_3^{long} size_i^{long} + \beta_4^{long} techmode_i +$$
$$\beta_5^{long} platmode_i + \beta_6^{long} inrnd_i^{long} + \beta_7^{long} hhi_i^{long} + \varepsilon_i^{long} \qquad (6-2)$$

式（6 - 1）刻画了发动机纵向一体化情况对产品短期绩效的影响，左边的被解释变量 per_i^{short} 表示产品的短期市场绩效。右边包括：解释变量发动机是否纵向一体化供给的哑变量（$engvi_i$），调节变量企业规模（$size_i^{short}$）以及其与 $engvi_i$ 的交叉项，控制变量产品开发模式 $techmode_i = (techimp_i,\ techout_i)$ 和平台模式 $platmode_i = (platnon_i,\ plattoyo_i)$ 组成的向量，产品推出短期内企业内部研发投入（$inrnd_i^{short}$）以及细分市场赫芬达尔指数（hhi_i^{short}）。

长期绩效模型式（6 - 2）的设定和短期绩效完全相同，其中产品推出短期内企业内部研发投入、企业规模、细分市场赫芬达尔指数分别换成了长期内的对应变量。而产品研发模式和平台模式在产品开发时就已经决定，同一产品发动机供给模式也几乎不会发生改变，因此这三组变量不随着时间变化。另外我们的主要计量模型加入了企业和细分市场的哑变量以控制企业差异和细分市场差异对产品市场绩效的影响。分别对式（6-1）和式（6-2）的参数组成的向量β^{short}、β^{long}进行估计，就能知道关键零部件的纵向一体化供给情况，以及其他调节变量和控制变量对产品短期和长期绩效的影响。下面对被解释变量和解释变量计算方法进行说明。

2. 变量说明

被解释变量：短期和长期市场绩效。产品的短期和长期市场绩效是我们的被解释变量，用产品的市场份额直观地衡量产品的市场绩效，这种衡量方式与 Gao 等（2006）对市场绩效影响因素的研究相同，相对于另一种利用专家评分度量市场绩效的方式，这种衡量方式更加客观也更容易获得。考虑到不同细分市场的产品定位存在较大差异，我们用产品在所属细分市场的市场份额来衡量市场绩效。细分市场的划分参照了《中国汽车工业年鉴》同类产品划分标准①。其中短期绩效用产品推出市场第 1 年和第 2 年的细分市场份额平均值来衡量，长期绩效用产品推出市场第 3 年和第 4 年的细分市场份额平均值来衡量，取均值之前都先对市场份额做了取对数处理，因此得到的短期市场绩效和长期市场绩效均为一个负值，这个负值越接近于 0 说明产品在对应细分市场的市场份额越高，即市场绩效越好。具体地，车型 i 的短期和长期市场绩效 per_i^{short} 和 per_i^{long} 的计算公式分别为：

$$per_i^{short} = \left[\ln(mksh_{i1}) + \ln(mksh_{i2}) \right]/2$$
$$per_i^{long} = \left[\ln(mksh_{i3}) + \ln(mksh_{i4}) \right]/2$$

其中，$mksh_{it}$（$t=1$，2，3，4）表示车型 i 推出第 t 年在对应细分市场的市场份额。

解释变量：关键零部件一体化。我们用发动机是否用主机厂自行配套供给的哑变量关键零部件的一体情况衡量。虚拟 $engiv$ 变量取值为 1，表示车型是由主机厂自行配套供给。由于没有现成的公开出版物或数据库提供相关信息，

---

① 《中国汽车工业年鉴》根据我国《汽车和挂车类型的术语和定义》（GBT3730.1—2001）将乘用车分为基本型乘用车（轿车）、运动型乘用车（SUV）和多功能乘用车（MPV），其中基本型乘用车可以按照排量分为微型轿车、普通级轿车、中级轿车、中高级轿车和高级轿车五个类别。这一分类方法和国际通用的车型分类方法大体一致。基于此，我们将乘用车市场分为这八个细分市场，并计算了每个细分市场每一年的赫芬达尔指数。

我们从"汽车之家""盖世汽车"等国内几大汽车资讯网站搜集了样本中每款车型的发动机型号以及对应的供应商信息①。

四、调节变量：企业规模

根据交易费用经济学的理论，企业的规模决定了企业内部生产的组织成本，从而影响其一体化的后果。实证研究同样发现规模小的企业更容易从一体化中获益（Hsuan 和 Mahnke，2011）。因此，我们将企业规模作为关键一体化与市场绩效之间关系的调节变量。与 Bertrand 和 Mol（2013）一样，这里将从业人数作为企业规模的代理变量，这一数据同样来自历年《中国汽车工业年鉴》。与研发投入类似，车型推出短期和长期内企业规模的计算公式为：

$$size_i^{short} = \left[ln(labor_{j,i1}) + ln(labor_{j,i2}) \right]/2$$
$$size_i^{long} = \left[ln(labor_{j,i3}) + ln(labor_{j,i4}) \right]/2$$

其中，$labor_{j,it}$（t = 1，2，3，4）表示车型 i 所在的企业 j 在该车型推出第 t 年的从业人数。

五、控制变量

1. 产品开发模式

关键零部件决定了产品的质量，自然也是影响其市场绩效的关键因素。而前期的开发设计同样决定了产品的基因，同样是影响市场绩效的关键因素。由

---

① "汽车之家"（http：//www.autohome.com.cn）等汽车资讯网站提供了市场上每款车型的技术参数，其中就包括其发动机具体型号。然后根据盖世汽车（http：//www.gasgoo.com）提供的汽车产品零部件信息可以追溯到该款发动机的供应商。

于自身资源能力以及外部环境的约束，自主品牌企业在不同时期对产品的方式各不相同，因此有必要控制这一因素对市场绩效的影响。具体来说，自主品牌的产品开发方式有以下三种：

技术引进：一些自主品牌通过与跨国公司签订技术引进协议直接使用外方的技术、生产外方成熟的产品获得乘用车生产的成套技术。通过购买外方的生产设备或完备的生产线，技术引进保证了产品技术、工艺和生产体系的一致性和稳定性，同时降低了开发的成本和周期。我国乘用车市场中最早的几款车型如"夏利"和"奥拓"以及2007年上汽推出的自主品牌"荣威"都是这种开发模式的典范。

研发外包：在研发外包的热潮中，为了整合全球汽车领域最优秀的资源和技术，一些自主品牌选择了将新车型的开发外包给国际知名的设计公司：中方先提出一个大致的产品概念和要求，被委托方在此基础上进行设计。2003年，初入乘用车市场的华晨为了直接切入中高端市场，就走上了这条研发外包的"捷径"。

自主研发：生产线的购买和设计团队的聘请都需要一定的资金实力，行业的新进入者往往缺少这样的资本积累。因此，一些自主品牌选择了一条从逆向开发（模仿）开始，逐步形成产销规模，通过与专业机构合作学习和积累经验，最后实现自主开发的道路。民营自主品牌吉利和比亚迪都是这一模式进行产品开发的代表。

三个虚拟变量 techimp、techout 以及 techind 分别表示自主品牌乘用车的三种研发模式：技术引进、研发外包和自主研发，变量取值为1表示车型采取的是该种研发模式。这一数据来自于历年的《中国汽车工业年鉴》中乘用车产销统计中的车型技术来源，其中 techind 作为基准变量。

2. 产品的平台模式

模块化和平台化生产由于其丰富的平台衍生性和车型间零部件的通用性，降低了企业的研发和生产成本，已成为全球汽车生产的主要趋势。与 Novak 和 Stern（2008）一样，我们将车型所采用的平台模式作为影响市场绩效的另一个控制变量。我国自主品牌采用的平台模式可以分为三类：非丰田平台、丰田平台和自主开发平台。Lieberman 和 Dhawan（2005）指出，以福特为代表的非丰田模式强调生产的规模效应，丰田模式则强调低库存和柔性生产，两种模式下企业的库存比、单位劳动生产率等都存在差异，因此企业的技术效率也存在差异。我们用三个虚拟 *platnon*（非丰田模式）、*plattoyo*（丰田模式）、*platind*（自主开发平台）表示产品的平台模式，取值为 1 时表示车型采用的是该种平台模式，其中 *platind* 为基准变量。该数据来源于中国汽车技术中心出版的内部刊物《汽车情报》。

3. 企业内部研发投入

企业的内部研发投入同样会对其绩效产生影响（Bertrand 和 Mol，2013；陶峰，2011）。基于此我们将企业的内部研发投入作为控制变量。与 Grimpe 和 Kaiser（2010）一样，这里用衡量企业创新活动的常用指标——专利数据作为内部研发投入的代理变量。这一数据通过《万方数据——中外专利数据库》检索"企业名称"和"汽车"两个关键词获得。为了解释车型的短期市场绩效和长期市场绩效，需要分别计算出该车型推出短期和长期内企业的研发投入。计算方法为：

$$inrnd_i^{short} = \left[\ln(patent_{j,i1}) + \ln(patent_{j,i2}) \right]/2$$

$$inrnd_i^{long} = \left[\ln(patent_{j,i3}) + \ln(patent_{j,i4}) \right]/2$$

其中，$patent_{j,it}$（$t = 1，2，3，4$）表示车型 i 所在的企业 j 在该车型推出第 t 年的专利申请数量。

4. 细分市场赫芬达尔指数

考虑到市场结构对市场绩效的影响，我们还控制了车型 i 推出短期和长期内所处细分市场的赫芬达尔指数 $shorthhi_i$ 以及 $longhhi_i$，计算方法和对企业层面数据的处理方法类似：

$$hhi_i^{short} = \left[\ln(hhi_{m,i1}) + \ln(hhi_{m,i2}) \right]/2$$

$$hhi_i^{long} = \left[\ln(hhi_{m,i3}) + \ln(hhi_{m,i4}) \right]/2$$

$hhi_{m,it}$（$t = 1，2，3，4$）表示在车型 i 所处的细分市场 m 在该车型推出第 t 年的赫芬达尔指数。

5. 数据来源和描述性统计

我们的样本包括了中国乘用车行业 18 家主要自主品牌乘用车企业 1986～2013 年推出的 179 款基本型乘用车车型。这 18 家企业既包含了一汽、上汽、东风这样的大型国有集团旗下的自主品牌乘用车生产企业，也包括了吉利、比亚迪、长城这样的民营自主品牌。样本中的车型涵盖了这一时期市场中 90% 以上的基本型乘用车。除了发动机一体化供给情况数据和市场绩效数据，我们还从产品层面、企业层面、细分市场层面搜集了相关数据控制了其他因素对市场绩效的影响。为了考察发动机技术的控制对市场绩效的持续影响，我们分别考虑到自主品牌产品的短期绩效和长期绩效。通过对每款车型推出短期和长期内的市场绩效和对应时期内产品层面、企业层面以及细分市场层面的解释变量进行匹配，得到的是一个含有 179 个样本的截面数据。表 6 - 1 给出了各变量的描述性统计。

表 6 - 1　各变量的描述性统计

变量符号	变量含义	观察值	均值	标准差	最小值	最大值
per^{short}	产品短期绩效	179	- 5.5477	1.8961	- 11.138	0
per^{long}	产品长期绩效	149	- 5.8583	2.4551	- 12.6216	0
$engvi$	产品发动机是否完全纵向一体化供给	179	0.6816	0.4672	0	1
$size^{short}$	产品推出短期内企业规模	173	8.9965	1.0288	5.2284	10.9831
$size^{long}$	产品推出长期内企业规模	159	9.2056	1.0551	5.2257	10.9831
$techimp$	产品是否通过技术引进开发	179	0.2346	0.425	0	1
$techout$	产品是否通过技术外包开发	179	0.1061	0.3089	0	1
$platnon$	产品平台是否采用非丰田模式	179	0.352	0.4789	0	1
$plattoyo$	产品平台是否采用丰田模式	179	0.1508	0.3589	0	1
$inrnd^{short}$	产品推出短期内企业内部研发投入	179	2.0502	2.0364	0	6.7793
$inrnd^{long}$	产品推出长期内企业内部研发投入	164	2.6247	2.3489	0	6.7793
hhi^{short}	产品推出短期内市场赫芬达尔指数	179	6.8716	0.6513	6.278	9.2103
hhi^{long}	产品推出长期内市场赫芬达尔指数	164	6.7739	0.5525	6.2731	9.2103

六、实证结果

1. 产品的短期绩效和长期绩效

表 6-2 的列（1）给出了对产品短期市场绩效［式（6-1）］回归的结果。纵向一体化发动机供给的哑变量（$engvi$）的系数显著为正，完全一体化发动机供给和企业规模的交叉项（$engvi \times size$）系数显著为负。发动机的完全一体化供给说明企业已经完全掌握了发动机这一核心技术，为其关键零部件的品质提供了有力保障，促进了产品短期市场绩效的提升。但是正如交易费用经济学所指出的，纵向一体化并非没有弊端，随着企业规模的扩大，纵向一体化伴随的企业内部生产组织成本上升的弊端逐渐显露，对产品的短期绩效带来了一定的消极影响。事实上，对于样本中规模最小的自主品牌企业而言（$size = 5.2284$），其采用一体化发动机的产品比采用外购发动机的产品短期市场份额高出 3.8 倍；相反，对于样本中规模最大的企业（$size = 10.9831$），采用外购发动机的产品比采用一体化发动机的产品短期市场份额高出 2.8 倍，此时大企业内部组织协调成本完全抵消了纵向一体化发动机生产对产品短期绩效的积极影响。企业规模（$size$）本身的系数不显著。

关键零部件的一体化情况决定了产品的品质，而产品的前期开发和设计决定了产品的基因。在列（1）中，技术引进（$techimp$）的系数在 0.05 的水平下显著为负，研发外包（$techout$）的系数在 0.1 的水平下显著为正，也即产品开发模式同样会对其短期绩效产生影响。相对于自主研发，技术引进本身对产品的短期绩效产生了显著的负影响，而研发外包对产品短期绩效影响不显著。具体而言，采用技术引进比采用自主研发模式开发的产品短期市场份额低 90%。虽然成套技术和设备的购买是企业获得新车型的最便捷的方式，但是由于企业缺少了自主学习和探索的过程，也不具备因地适宜地对车型进行改进的能力，并不利于产品短期市场份额的提升。

产品的平台模式同样会影响产品的短期绩效：在两种平台模式中，丰田模式（plattoyo）的系数显著为负。这说明，丰田模式精益生产的优点不仅没有在自主品牌产品的短期绩效中体现出来，反而对其短期市场绩效产生了不利的影响。原因在于，精益生产背后是日本整车厂商与供应商在多年的交叉管理和相互融资下建立起的稳固的合作关系和良好的协调能力。而这些都是我国自主品牌与本土供应商之间所不具备的，使得丰田模式虽然被照搬到本土企业，却出现了严重的水土不服情况，反而对产品的生产和市场绩效造成了不利的影响。

其他控制变量中，内部研发投入对产品短期绩效影响不显著。这和已有研究发现的企业自身研发投入和创新绩效的正相关性并不相同（陶锋，2011）。背后的可能原因在于，用专利数量衡量的企业内部研发投入并不能全面地反映企业的所有研发活动。细分市场赫芬达尔指数（hhi）的系数显著为正：这一点和直觉相符，产品推出之初的市场绩效与产品的细分市场定位息息相关，产品所处的细分市场竞争越激烈，新产品越难取得较好的市场绩效。就我国自主品牌乘用车企业而言，由于技术和自身定位的原因，新车型往往扎堆于微型车和经济型车两个细分市场，加之车型的同质化，市场份额之间的相互掠夺现象更加明显，也不利于自主品牌短期绩效的提升。

表 6-2　自主品牌乘用车短期市场绩效和长期市场绩效 OLS 回归结果

自变量	短期绩效（1）	长期绩效（2）
engvi	9.7223***	17.0652***
	(2.7352)	(4.5597)
engvi × size	-1.1415***	-1.9198***
	(0.3195)	(0.5081)
size	0.1445	1.0146**
	(0.3009)	(0.4652)
techimport	-0.9742*	-0.7287
	(0.5596)	(0.9107)
techout	0.4437	0.2450
	(0.7428)	(1.4211)

自变量	短期绩效（1）	长期绩效（2）
platnon	-0.3063	-1.2343 **
	(0.3585)	(0.5844)
plattoyo	-1.2242 **	-1.1252
	(0.4776)	(0.7655)
inrnd	0.0830	-0.2577
	(0.1080)	(0.1580)
hhi	1.5622 ***	2.2249 ***
	(0.3667)	(0.7289)
Constant	-17.0810 ***	-32.0882 ***
	(4.7256)	(8.1487)
FE – Firm	YES	YES
FE – Market Segment	YES	YES
FE – Time	NO	NO
N	173	145
R^2	0.548	0.452

注：***，**，* 分别代表在 0.01，0.05 和 0.1 的水平上显著。

表 6 - 2 的列（2）给出了对产品长期市场绩效［式（6 - 2）］的回归结果：一体化关键零部件供给系数符号与显著性均和短期相同，不过绝对值变成了短期的两倍：一体化的关键零部件供给对市场绩效的提升作用在长期内得以持续和放大，这一结果在一定程度上印证了 Novak 和 Stern（2008）的发现：一体化往往伴随着企业核心能力的形成，更有利于产品长期绩效的提升。就自主品牌乘用车企业而言，日益上升的发动机一体化程度背后是企业依靠自身研发投入换来的核心技术的掌握，企业不仅有能力保障自身关键零部件的供应品质，也有能力根据市场变化及时地对技术进行改进和升级，这些都有利于产品获得持续的市场绩效。不过企业规模在其中的负调节作用在长期仍然存在：具体地，样本中规模最小的自主品牌企业（*size* = 5.1348），采用一体化发动机供给比采用外购发动机的产品长期市场份额高出 7 倍；而样本中规模最大的自主

品牌企业（$size=10.9831$）采用外购发动机的产品绩效比采用一体化发动机产品长期绩效高 4 倍。企业规模（$size$）本身的系数显著为正，这说明企业规模上升从长期来看能带来规模经济效应，对市场绩效的提升能起到积极作用。

研发外包、技术引进哑变量的系数在长期变得不显著。尽管产品开发模式能够影响产品的短期绩效，但这种影响长期来看是无法持续的。长期来看，非丰田模式的系数显著为负：相对于自主平台模式，非丰田模式对本土市场的不适应也逐渐开始显露：不同于欧美等国，中国汽车行业企业数量众多市场集中度低，再加上自主品牌企业的规模和实力仍然非常有限，实际上很难发挥非丰田模式规模经济的特点。由此看来，先进平台的引进并不能真正换来产品的成功；相反如果引进的平台不适合本土市场和本土企业，反而会对产品的绩效产生不利的影响。内部研发投入对产品长期绩效的影响仍然不显著。赫芬达尔指数的系数依然显著为正，并且绝对值大于短期：产品的同质化情况日益严重，产品间市场份额的蚕食效应更加明显。

总的来看，发动机的一体化供给模式是唯一冲短期到长期持续影响自主品牌市场绩效的因素。这说明，在瞬息万变的市场下，真正能给企业带来持续绩效的是对核心技术的掌握。

2. 异质性分析——不同所有制结构企业的研发模式、生产一体化与市场绩效

研究表明企业绩效同样受所有制结构的影响。在我国自主品牌乘用车企业中，既有一汽、上汽、东风这样的大国有集团控股的自主品牌企业，又有吉利、比亚迪、长城这样的民营自主品牌企业。国有集团不仅进入行业时间长，并且往往和外资已经建立了合作关系，且更容易直接获取外资的先进技术。Jia 等（2016）指出国有汽车企业还享受了政府的政策支持。两类企业所掌握的资源、行业经验方面的巨大差异可能使得核心技术控制对两类企业市场绩效的影响并不相同，因此有必要进行异质性分析。由于民营企业的资金约束以及和外界的技术联系少于国有企业，他们对产品开发模式的选择比国有企业更加单一，样本中涉及的 7 家民营企业均没有选择研发外包的产品开发模式。表 6-3 给出了基于式（6-1）和式（6-2）对国有企业和民营企业子样本回

归的结果。

列（3）和列（4）分别给出了对国有企业和民营企业子样本短期绩效回归的结果。一体化关键零部件供给对国有企业和民营企业短期绩效的提升都有促进作用，不过从统计意义来看，一体化关键零部件供给对民营企业的影响更加显著。随着企业规模的扩张，一体化零部件供给带来的交易成本的上升对两类企业的短期绩效均产生了不利影响。技术引进的开发模式（techimport）的系数只在民营企业子样本中显著为负，而在国有企业子样本中不显著：技术引进对自主产品短期绩效的不利影响主要发生在民营企业子样本中。由于缺乏资金的支持以及和外资的联系，民营企业对外来引进技术消化和吸收能力都弱于国有企业。使得自主研发的产品开发模式对民营企业产品短期绩效的提升更加有利。丰田平台模式（plattoyo）对产品短期绩效的不利影响在两类企业中广泛存在。另外两类企业的短期市场绩效都会随着市场竞争激烈程度的加剧而降低。

列（5）和列（6）分别给出了对国有企业和民营企业子样本长期绩效回归的结果。一体化关键零部件供给模式（engvi）以及其与企业规模的交叉项（$engvi \times size$）均只在民营企业子样本中显著：一体化关键零部件供给对企业绩效的长期影响以及企业规模在其中的负调节作用只发生在民营企业子样本中，其对国有企业的长期绩效影响不显著。另外对民营企业而言，一体化关键零部件供给同样是影响其产品长期绩效的主要因素，非丰田模式（platnon），市场集中度（hhi）虽然会对国有企业的长期绩效产生影响，但对民营企业的长期绩效影响却并不显著。总的来说，相对于作用资金和资源优势的国有企业，掌握关键零部件技术对提升民营自主品牌企业的市场绩效尤为重要。

表6－3　自主品牌乘用车短期市场绩效和长期市场
绩效按所有制结构异质性检验结果

自变量	短期绩效 国有企业（3）	短期绩效 民营企业（4）	长期绩效 国有企业（5）	长期绩效 民营企业（6）
engvi	20.4966 * (10.7913)	7.8971 ** (3.0515)	－2.5385 (13.3778)	17.2291 * (8.6233)

续表

自变量	短期绩效 国有企业（3）	短期绩效 民营企业（4）	长期绩效 国有企业（5）	长期绩效 民营企业（6）
engvi × size	- 2. 4076 **	- 0. 9017 **	0. 1310	- 2. 0713 **
	(1. 2048)	(0. 3579)	(1. 4659)	(0. 9313)
size	1. 2311	- 0. 0828	- 1. 9445	1. 4820
	(1. 2968)	(0. 4082)	(1. 5622)	(0. 9569)
techimport	- 0. 2840	- 3. 4595 ***	- 0. 0082	- 1. 0201
	(0. 7453)	(1. 2186)	(1. 1002)	(3. 4541)
techout	0. 6223	—	0. 9198	
	(0. 7877)		(1. 3619)	
platnon	- 0. 7262	0. 1776	- 1. 9586 ***	- 0. 9654
	(0. 4802)	(0. 5959)	(0. 6346)	(1. 4271)
plattoyo	- 2. 4695 **	- 1. 4288 **	- 1. 5440	- 1. 2066
	(1. 0669)	(0. 5829)	(1. 3872)	(1. 2389)
inrnd	0. 2103	0. 0581	- 0. 4263 **	0. 0005
	(0. 1675)	(0. 1538)	(0. 1851)	(0. 3874)
hhi	1. 6087 ***	2. 7298 ***	2. 0553 **	1. 8525
	(0. 4716)	(0. 8971)	(0. 7821)	(2. 5752)
Constant	- 27. 4248 **	- 21. 6718 ***	- 7. 4594	- 29. 0439 *
	(13. 0711)	(7. 0603)	(15. 3626)	(15. 7490)
FE – Firm	YES	YES	YES	YES
FE – MarketSegment	YES	YES	YES	YES
FE – Time	NO	NO	NO	NO
N	104	69	89	56
调整的 R^2	0. 572	0. 603	0. 595	0. 379

注：样本中民营企业的产品均并没有采用研发外包和部分一体化生产的模式，因此在民营企业子样本中无法对 *techout*、*engpart* 以及它们和调节变量的交叉项系数进行估计。另外民营企业子样本中 *techimp × inrnd^{short}* 的取值也均为零，其系数同样无法估计。

3. 稳健性检验——核心技术控制的内生性问题

在研究企业对核心技术控制情况与市场绩效关系时，一个主要的问题是企业对核心技术控制是否存在内生性。具体来说，可能存在一些无法观察的企业效率等因素同时影响企业对核心技术的控制情况以及其市场绩效。事实上，如果企业的效率越高，其越有可能掌握核心技术，而企业市场绩效的提升可能只和这种技术能力相关而和企业对核心技术的掌握无关，在这种情况下，用 OLS 估计得到的关键零部件一体化系数估计结果是有偏差的。不过上述回归中，由于包含了企业和细分市场的哑变量，已经控制了企业之间无法观察到的差异（如效率的差异）对市场绩效的影响，内生性问题得到了一定程度的解决。但是由于文中样本所处的时间跨度较长，随着时间的推移同一企业在不同时期的效率同样可能在发生变化。为了对这一无法观察到的效率进行控制，我们进一步控制了产品推出时间的差异①进行稳健性检验②。表 6-4 的列（7）和列（8）给出了加入产品推出年份的哑变量的短期和长期的 OLS 回归结果。

表 6-4 自主品牌乘用车短期市场绩效和长期市场绩效影响的稳健性检验

自变量	短期绩效（7）	长期绩效（8）
engvi	7.6991 ***	17.9384 ***
	(2.9254)	(5.2226)
engvi × size	-0.9151 ***	-1.9839 ***
	(0.3372)	(0.5687)
size	0.0577	1.8322 ***
	(0.3835)	(0.6241)
techimport	-1.0694 *	-0.3544
	(0.6362)	(1.0874)
techout	0.0860	-0.6083
	(0.7708)	(1.5522)

① 一个标准的解决内生性的办法应该是进行工具变量回归，但是我们未能找到合适的工具变量。按照同类研究中对工具变量的选择办法，产品研发和生产模式变量的理想工具变量应当是该企业当年在同一细分市场推出的其他车型的研发和生产模式变量的均值。但是对很多企业而言，某一年在特定细分市场推出的车型只有一款。也就是说，对一些样本这样的工具变量无法找到。因此，我们没有使用这一方法。

② 由于短期和长期的有效样本分别只有 179 个和 145 个，而样本跨度时间较长，考虑到自由度的损失的问题，我们将包含了产品推出年份哑变量的结果作为稳健性检验的一部分，而前面的主要模型只包含了企业和细分市场的哑变量。

续表

自变量	短期绩效（7）	长期绩效（8）
platnon	− 0. 6485 * （0. 3745）	− 1. 6107 *** （0. 6103）
plattoyo	− 1. 0658 ** （0. 4975）	− 1. 4786 * （0. 8163）
inrnd	0. 2058 （0. 1387）	− 0. 0743 （0. 2124）
hhi	1. 6035 （1. 0928）	− 1. 1999 （2. 3210）
Constant	− 17. 1388 （10. 5208）	− 7. 1229 （21. 8078）
FE − Firm	YES	YES
FE − MarketSegment	YES	YES
FE − Time	YES	YES
N	173	145
调整的 R^2	0. 615	0. 515

注：***，**，* 分别代表在 0.01，0.05 和 0.1 的水平上显著。

将表 6 - 4 列（7）、列（8）的结果与表 6 - 2 列（1）、列（2）的结果对比发现，主要系数的符号和显著性变化不大。也就是说，考虑到企业对核心技术掌握的内生性，对核心技术的控制情况仍然是影响自主品牌市场绩效的主要因素，关键零部件一体化供给对产品短期和长期绩效的积极作用和企业规模在其中的负调节作用仍然明显。相对于自主平台模式，两种外来平台模式——丰田和非丰田模式对产品短期和长期的绩效均产生了不利影响。由于市场结构对市场绩效的影响很大程度被产品推出时间所解释，赫芬达尔指数的系数变得不再显著，而其他结论没有发生改变。

七、研究结论与启示

本章的结论表明零部件行业的技术进步对下游乘用车企业绩效存在溢出效应。具体地，关键技术控制是给自主品牌产品带来持续市场绩效的主要因素：关键零部件一体化生产能够提升自主品牌产品的短期市场绩效，不过随着企业规模的扩张一体化带来的交易成本对产品市场的消极影响也逐渐凸显；上述两个效应在长期均能持续并进一步放大；相比之下，产品的前期开发模式并不能持续地影响产品的绩效，虽然自主研发相对于技术引进在短期内能够提升产品的市场绩效，但长期来看，不同的研发模式对市场绩效的影响无显著差异；关键零部件一体化对市场绩效的影响在不同所有制结构的企业中存在差异，其对产品短期绩效和长期绩效的促进作用都主要发生在民营企业当中，而对坐拥资金和其他资源优势的国有企业影响并不显著；市场结构对产品的短期绩效和长期绩效均产生了显著影响，随着自主品牌产品日益同质化，产品间市场份额的蚕食效应越发明显；现阶段，受自主品牌企业规模以及与供应商协调能力的限制，丰田平台和非丰田平台的引进无法给自主品牌产品带来持续的市场绩效。相反，这些引进平台在国内的水土不服反而对产品的短期绩效和长期绩效产生了不利影响。

乘用车自主品牌的发展情况是我国乘用车自主能力的重要标志，使得近年来中国乘用车自主品牌的发展越来越受到重视。政府在技术开发、政府采购、融资渠道方面都对自主品牌给予了大力支持，而已经建有合资品牌的一汽、上汽、东风等大型国有企业也纷纷建立起自己的自主品牌。在这一"自主品牌热潮"下，研究什么是影响自主品牌产品市场绩效的关键因素显得尤为必要。我们的结论表明：对上游关键技术的控制对自主品牌产品的市场成功息息相关，只有核心技术不受制于人，自主品牌产品才能取得持续的市场成功。从2000年初自主企业蹒跚起步开始到2013年，自主品牌在发动机这一关键零部件的自主研发和自行配套供给方面已经取得了长足的进步，为其产品的品质提供了保障，并最终转换成了产品的持续市场绩效。特别是对后来进入行业的民营自主品牌企业而言，加大发动机等核心技术的研发投入是其实现市场绩效追赶的唯一途径。不过在这一过程中，随着企业核心零部件供给内部化，企业的纵向边界增大，如何控制内部组织和协调成本上升对产品市场绩效的不利影响是企业需要解决的问题。

本章的结论再次引发我们对中国乘用车合资模式和自主模式的思考。合资模式作为我国乘用车行业发展初期受政府支持的主要模式，长久以来是我国乘用车先进技术的代表，在我国乘用车市场中一直占据了主导模式。这一模式不仅给我国乘用车工业带来了成熟的产品和技术，也对整个零部件供应体系的建立做出了贡献，更帮助我国培育了乘用车消费市场，使我国在短短十几年内一跃成为世界汽车生产和消费的第一大国。然而由于合资模式的技术完全来自于外方，各种问题也逐渐暴露：合资企业中方自主研发投入的惰性（白让让，2009），外方在我国乘用车市场的绝对的市场势力都是其中的突出问题。相比之下，自主品牌企业作为行业的后进者，虽然初期缺少先进的技术，但通过自主研发，同样在部分关键技术上的突破，进一步实现了市场绩效的追赶。由此可见，只有继续支持本土自主品牌的自主研发，并引导合资企业的中方加大研发投入，才能使我国在汽车关键零部件领域摆脱受制于人的困境，成长为真正意义上的汽车强国。

本章的结论对我国当前的制造业转型升级同样具有重要的启示性：关键技术上的受制于人仍然是制约我国制造业产业链进一步优化升级的关键因素。而我国汽车行业自主品牌乘用车企业的发展历程说明，后发企业通过自主研发能够实现关键技术上的突破，并进一步实现市场绩效的追赶。由此可见，关键技术方面的自主创新应当成为完善我国制造业产业链条，提高产业核心竞争力，促进价值链由低端向高端跃升的主要途径。

本章从企业绩效的角度分析了零部件行业对整车行业的溢出效应。下一章将转向整个乘用车市场的竞争结构，进一步分析零部件行业对整车行业市场竞争结构的溢出效应。

第七章 零部件对整车行业的溢出效应Ⅱ：关键零部件技术控制与横向价格共谋[①]

一、引言

在上一章的分析中我们看到，对关键零部件技术的掌握与我国乘用车自主发展能力息息相关。具体地，我们描绘了这样一个事实，上游关键技术研发投入的增加使自主品牌逐渐掌握了发动机等关键零部件技术，并给其带来了市场绩效的提升。这一事实让我们有机会重新对我国乘用车的自主品牌和合资品牌两种发展模式进行反思。自主品牌技术的获得，主要依赖于自主研发投入，[②]合资品牌则依赖于外方的技术输入；虽然近年来自主研发投入的增加使自主品牌企业在关键零部件技术方面取得了长足进步，但合资品牌企业的关键技术仍然牢牢掌握在跨国公司手中。直至 2016 年，合资品牌仍然占据了我国乘用车

---

① 本章主要内容以《中国乘用车行业的纵向一体化与横向共谋实证分析》为题发表于《经济学季刊》2016 年第 15 卷第 4 期，作者：肖俊极、谭诗羽。

② 2011~2015 年包括上汽、一汽、长安、东风、广汽和北汽在内的国内六大汽车集团对自主品牌的研发投入超过 1600 亿元。《缩小与跨国公司差距 自主研发投入仍有巨大提升空间》，《中国汽车报网》，2016 年 6 月 22 日。

一半以上的市场份额，特别是在中高端细分市场，合资品牌仍然占据着主导地位。跨国公司对合资品牌上游关键技术的控制对整个乘用车市场产生了怎样的影响？本章将重点关注乘用车的市场竞争结构，实证检验合资品牌中跨国公司对关键技术的控制将如何影响下游乘用车市场的竞争结构。

跨国公司对我国乘用车核心技术的控制起源于20世纪90年代政府以市场换技术的产业政策。通过引进具有先进技术的跨国公司与本土汽车制造商建立合资企业，我国汽车产业迅速发展壮大。虽然这种合资合作模式给本土乘用车行业带来了现成的技术和产品，并对我国成为汽车的生产和消费第一大国做出了重要贡献，但由于核心技术完全掌握在外方手中，合资合作模式问题逐渐暴露：江诗松等（2011）指出对外资技术的过分依赖阻碍了合资企业的自主创新。李晓钟和张小蒂（2011）认为汽车的核心技术被国外汽车制造商垄断是国内乘用车高价格的主要原因：外方母公司通过关键零部件转移价格获取高额利润，导致最终产品价格过高。在此基础上，本章将视角转向整个乘用车市场的竞争结构，实证分析上游关键技术的控制对下游乘用车市场竞争结构的影响。

分析我国乘用车市场竞争结构需要对我国乘用车的市场竞争主体进行审视：与世界主流汽车生产大国不同，我国汽车厂商众多，虽然近年来在政府的推动下，行业内的兼并重组愈演愈烈，但2016年我国乘用车生产企业数量仍然多达69家。不过从企业的资本构成来看，大型国有企业集团在背后的主导作用明显，市场中的主要生产企业均由一汽、上汽、东风等几大汽车集团控股。另外，由于我国的产业政策允许同一家外国汽车制造商同时与两个中方合作伙伴建立合资企业，在中国市场同时拥有多家合资企业的大众、丰田等跨国汽车生产企业成为中国乘用车市场的另一主导力量。独特的市场竞争主题使得我国乘用车市场竞争结构引人关注：已有的实证研究检验了大型国有集团和跨国公司对市场的主导作用是否会使得市场形成以中方资本或外方资本为纽带的共谋（王皓和周黎安，2007；Hu等，2014）。除了这一较易发现的以资本为纽带的价格共谋，其他形式的价格共谋同样也可能会发生。一种可能性就来自外方母公司对乘用车上游关键技术的控制。根据Bernheim和Whinston（1985）

的共同代理人（Common Agency）理论，两家企业共同的上游供应商或下游经销商可能成为这两家企业的共同代理人，促成两家企业的共谋。

相对于更易被发现的以资本为纽带的价格共谋，这种围绕着控制了核心技术的外方母公司的价格共谋更具隐蔽性。尽管中国乘用车市场的竞争结构早已引起学者的注意（王皓和周黎安，2007；Hu 等，2014），已有的实证研究均围绕着合资企业之间以资本为纽带的价格共谋展开。由于检验方法不同，其结论并不一致：王皓和周黎安（2007）认为中国乘用车市场存在"外资为纽带的价格共谋"；Hu 等（2014）认为"资本为纽带的价格共谋"（包括外资和内资为纽带的共谋，下同）并不存在，中国乘用车企业呈现出"伯川德竞争"关系。这些文献没有考虑其他形式价格共谋的可能性，也没有考虑纵向结构对价格共谋的影响。本章从"围绕着控制了核心技术的外方母公司的价格共谋"的可能性出发，将这种共谋形式假设与上述文献中的市场竞争结构假设进行对比。结果显示，"围绕着控制了核心技术的外方母公司的价格共谋"比"资本为纽带的共谋"以及"伯川德竞争"更好地解释了中国乘用车市场的定价行为。这一结果和我国汽车行业现行的产业政策不无关系：政府规定外资在整车企业的股份比例不得超过50%，而对于零部件厂商则没有相关限制。大量关键零部件厂商由外资全资控股，因此外资更容易通过对核心技术的控制对合资企业施加影响。

本章首先介绍了中国乘用车技术控制现状和由此表现出来的关键零部件纵向一体化关系，并借助共同代理人理论说明了这种纵向一体化关系会使得汽车厂商之间形成围绕着纵向供给关键零部件的外方母公司的价格共谋，从而得到关于乘用车市场竞争结构的假设。为了验证这一假设的正确性，我们提出了几个备用假设。在实证部分，我们首先在 Berry 等（1995）（BLP）的框架下，利用中国乘用车销售、车型特征和居民收入数据对中国乘用车市场需求模型的参数进行了估计；基于需求模型的估计结果，我们算出了几种不同市场竞争结构假设下汽车厂商的利润和成本并对成本函数进行了估计；最后通过 Rivers 和 Vuong（2002）广义矩估计下非嵌套模型的检验方法对这几种不同的市场竞争结构的假设进行两两检验，发现我们的结果支持市场中存在围绕纵向供给关键零部件的外方母公司的价格共谋这一假设。结果显示，如果两家合资企业的关键零部件均由他们的外方母公司纵向一体化供给，则他们之间存在共谋情况。共谋形成的机制在于：当一家外方母公司同时与两家合资企业存在技术转移合约时，它成为两家合资企业的共同代理人，在均衡时两家企业都会选择固定利润，而将剩余利润通过技术转让费的形式全部转移给外方母公司。在这种情况下，两家合资企业之间的竞争外部性被改变，他们将主动地选择共谋的价格。

这一结果说明外国跨国公司通过上游核心技术的控制对我国乘用车市场的竞争结构起到了主导作用。这一结果和我国汽车行业重整车轻零部件的产业政策不无关系。在整车行业的产业政策中，政府对外资在合资企业股比以及中方合作伙伴数量的限制使得中方母公司看似仍然占据绝对优势：一方面政府要求合资企业的外资股比不得超过50%，另一方面也规定了外资企业的中方合作伙伴的数量不得超过两家。对零部件行业却并没有类似的限制，大量关键零部件厂商由外资全资控股，因此外资能够通过对上游核心技术的控制影响下游整车行业的市场竞争结构。由此可见，如果产业政策的制定仅局限于产业链的某个重要环节而忽略了产业链中的纵向关系，将无法收到预期效果。

我们的结果也在一定程度上解释了中国乘用车的高价格，长久以来我国乘用车市场不仅进口车型价格居高不下，合资品牌车乘用车价格同样明显高于国外市场同品牌乘用车。2015年起乘用车的高价格更是引发的整个乘用车市场的反垄断调查。两年来，调查已经涉及了从上游零部件供给①到下游汽车销售流通和售后服务的整个产业链，调查的焦点集中在上下游企业之间的纵向价格约束方面。然而对于本章发现的，由产业链的上下游纵向一体化关系可能引发价格共谋行为，调查还未给予足够的重视。

本章的结构如下：第二部分介绍了中国乘用车行业技术控制现状；第三部分基于共同代理人理论构建了外资对上游技术控制下合资企业的定价模型，并在此基础上提出了关于中国乘用车市场竞争结构的假设；第四部分给出了我们的实证模型，其中分别对我们的需求模型、供给模型、模型的估计方法和对市

---

① 王星：《日系车企横向垄断嫌疑》，《中国经营报》，2014年8月16日。

场结构的检验方法进行了介绍；第五部分介绍了数据的来源；第六部分给出了实证结果；第七部分对本章进行总结并进一步讨论。

二、行业背景：合资企业技术控制和 关键零部件一体化

为了改变国内乘用车领域生产技术落后的状况。我国政府从 20 世纪 90 年代起开始引进具有先进技术的外国汽车制造商与本土国有汽车集团建立合资品牌企业。同时坐拥外资技术和政府政策支持的合资品牌，在接下来的 20 年在我国的乘用车行业一直占据着主导地位，图 7-1 给出了 1999~2012 年我国自主品牌和合资品牌乘用车销量。2000 年我国乘用车行业的起步阶段，乘用车市场基本被合资品牌垄断，2000 年乘用车市场销量的 83% 来自合资品牌。近年来虽然自主品牌在新车型开发、技术研发上都取得了长足进步，合资品牌乘用车的市场份额的主导地位仍然无法撼动，其市场份额一直保持在 65% 以上。

然而市场成绩背后中方对技术的掌握却令人担忧，合资品牌对乘用车技术的自主研发依旧进展缓慢，核心技术仍然主要依靠合资企业外方母公司的输入。这一点在国产乘用车关键零部件的供给上表现得尤为突出。以汽车的两个关键零部件发动机和变速箱为例：2010 年，国内乘用车发动机的开发模式仍然以委托开发、技术咨询为主；而较之于技术已经相对成熟的发动机，外国制造商对我国乘用车变速箱的技术垄断更加严重。传统的手动变速箱高效、技术成熟并且成本低，但随着人们对汽车舒适性的要求，技术含量更高的自动变速箱在国内乘用车中越来越普及。自动变速箱丰富的技术含量和种类使它成为企业产品竞争的利器。2010 年，在我国国产自动挡乘用车中，约 80% 搭载的是进口自动变速箱，其余 20% 的乘用车也主要来自外资控股的在华变速箱生产企业。种种事实表明，外资很大程度上控制了我国乘用车的核心技术。在汽车

两大关键零部件发动机和变速箱中，大多数合资品牌的发动机已经实现了主机厂本地配套，而对技术要求更高的自动变速箱，外国制造商的单方面垄断仍然严重。

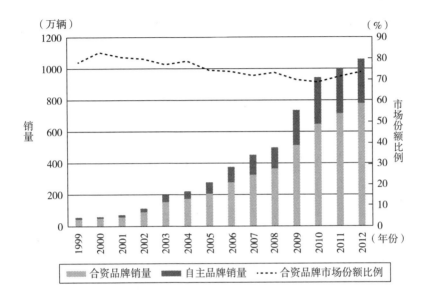

图 7-1　1999~2012 年我国自主品牌和合资品牌乘用车销量

本章用合资品牌的自动变速箱的供给情况来衡量外方母公司对核心技术的纵向控制。虽然变速箱和发动机同为汽车的关键零部件，但是发动机和手动变速箱的技术都已经相对成熟，相比之下自动变速箱的技术含量更高，国产化水平更低，另外我国乘用车市场对自动变速箱的需求也越来越大[①]。由于没有公开出版物或数据库集中提供汽车的变速箱供应商信息，我们从爱卡汽车、汽车之家等国内几大汽车资讯网站和论坛上搜集了这些信息。在全球范围，自动变速箱的生产已经被三家独立变速箱生产厂商和几大汽车集团垄断，这为我们找到合资企业的自动变速箱供应商提供了方便，事实上我们确实实现了样本中所

---

①　根据中国汽车工业协会的统计数据，从 2007 年开始，变速箱成为中国进口值最高的汽车零部件。而车身附件/零件、发动机零部件则分别为第二、第三大进口值的汽车零部件。

有合资品牌自动挡车型和其自动变速箱供应商的匹配。合资品牌企业自动挡车型变速箱供给有以下两种类型：一是由外方母公司纵向一体化供给[①]；二是由国际三大变速箱巨头——日本爱信、德国采埃孚（ZF）集团和日本加特可（JATCO）供给，我们将这种情况称作市场供给。表 7－1 和表 7－2 分别列出了属于这两种供给类型的合资品牌以及这些合资品牌的自动变速箱供应商。我们认为在纵向一体化供给的情况下，外方母公司控制了合资企业的核心技术，而市场供给的情况正好相反。一些合资品牌企业的自动变速箱同时由外方母公司和市场供给，在这种情况下外方母公司被认为并没有完全控制企业核心技术，因此这种情况也被当作市场供给。另外值得一提的是，一汽丰田和广州丰田两家合资企业的自动变速箱虽然同时由变速箱巨头之一的日本爱信和丰田公司供给，但是注意到丰田公司实际上是日本爱信的最大股东，因此这两家合资企业的核心技术实际上完全被丰田公司控制，也就是说他们的自动变速箱供给也属于外方母公司纵向供给的情况。总体来看，在 22 家合资品牌企业中，相当一部分（36%）的企业由外方母公司直接供给自动变速箱。下面我们利用 Common Agency 理论分析这种外方母公司对关键零部件的纵向供给会对合资企业之间的竞争行为产生什么影响。

表 7－1　由外方母公司纵向一体化供给自动变速箱的合资品牌及其对应的变速箱供应商

合资品牌	变速箱供应商
上汽通用	通用公司（及其在华全资子公司）
东风本田、广汽本田	本田公司（及其在华全资子公司）
北京奔驰	奔驰公司
北京现代、东风悦达起亚	韩国现代
一汽丰田、广州丰田	日本爱信、丰田公司

[①]　外方母公司供给的情况也有两种：第一种是从外方母公司在国外的变速箱生产企业进口；第二种是由外方母公司在华的全资变速箱生产企业供给，上海通用、东风本田和广州本田就属于这种情况。

表7-2　由市场供给自动变速箱的合资品牌及其对应的变速箱供应商

合资品牌	变速箱供应商
一汽奥迪	奥迪公司、德国采埃孚集团
华晨宝马	德国采埃孚集团
长安福特	日本爱信、福特公司
北京吉普	克莱斯勒公司、三菱公司、日本爱信
东南三菱	日本爱信、三菱公司 日本加特可（及其在华全资子公司）
上海大众、一汽大众	日本爱信、大众公司（及其在华全资子公司）
东风日产	日本爱信、日本加特可（及其在华全资子公司）
长安马自达、一汽马自达、郑州日产、长安铃木	日本爱信
上汽通用五菱	通用公司（及其在华全资子公司）、日本爱信
东风标致	标致雪铁龙集团、日本爱信

三、理论模型和中国乘用车市场的竞争结构假设

1. 一个理论模型：Common Agency 理论和中国乘用车市场竞争结构假设

在现实中，两家企业选择相同的上游厂商或下游厂商提供服务的情况非常普遍。Bernheim 和 Whinston（1985）的 Common Agency 理论就刻画了这样具有同一个代理人的两家企业的最优竞争策略：如果两家企业和代理人都是风险中性的，在均衡中，两家企业会选择获取固定利润，而将剩余利润全部转移给代理人。这时两家企业之间的竞争外部性被内部化，从而实现共谋的结果。类似地，我们借用 Bernheim 和 Whinston（1985）的分析框架对中国乘用车市场中同一外方母公司向参股的两家合资企业纵向供给关键零部件的情况进行刻画。

假设同一外方母公司参股的两家合资企业 1 和企业 2 均由该外方母公司供给关键零部件，外方母公司和合资企业都是风险中性的。与从独立供应商直接购买关键零部件的市场行为不同，这种纵向供给伴随着关键技术的转移。以企

业 1 为例，它对产品的定价 p_1 以及外方母公司对它的技术转移程度 m_1 共同决定了产品的需求 D_1，当然竞争对手的定价以及获得的技术转移也会影响 D_1，即 $D_1 = D_1(p_1, p_2, m_1, m_2)$。由于需求还受市场随机因素影响，我们假设 D_1 是个随机变量。企业 1 需要与外方母公司签订技术转移合约：具体地，这样的合约 I_1 应该是一个函数，它规定了不同技术转移程度 m_1 和市场需求 D_1 下外方母公司能获得的技术转让费，即 $I_1 = I_1(m_1, D_1(p_1, p_2, m_1, m_2))$。企业 2 的情况完全对称。每家合资企业会选择价格和技术转移合约使得自身的期望利润最大化。以企业 1 为例，给定 (p_2, I_2)，企业 1 的选择 (p_1^*, I_1^*) 满足：

$$\max_{p_1, I_1} E\{(p_1 - \gamma_1)D_1(p_1, p_2, m_1, m_2) - I_1[m_1, D_1(p_1, p_2, m_1, m_2)]\}$$

$$(7-1)$$

其中，γ_1 表示企业 1 的边际成本。外方母公司的利润由两部分组成：按照股比从合资企业获得的利润分成以及从技术转移中获得的利润。设外方母公司在两家企业参股的比例分别为 λ_1 和 λ_2，外方母公司向两家企业技术转移的成本函数分别为 $c_1(m_1)$、$c_2(m_2)$。为了表达方便，下面分别将 $I_1(m_1, D_1(p_1, p_2, m_1, m_2))$，$I_2(m_2, D_2(p_1, p_2, m_1, m_2))$ 记作 I_1，I_2；$D_1(p_1, p_2, m_1, m_2)$，$D_2(p_1, p_2, m_1, m_2)$ 记作 D_1，D_2。外方母公司的利润可以表示为：

$$E\{\lambda_1[(p_1 - \gamma_1)D_1 - I_1] + \lambda_2[(p_2 - \gamma_2)D_2 - I_2] + I_1 - c_1(m_1) + I_2 - c_2(m_2)\},$$ 即

$$E[\lambda_1(p_1 - \gamma_1)D_1 + \lambda_2(p_2 - \gamma_2)D_2 + (1 - \lambda_1)I_1 + (1 - \lambda_2)I_2 - c_1(m_1) - c_2(m_2)]$$

其中，外方母公司对技术转移程度的选择 m_1，m_2 满足自身的激励相容约束：

$$(m_1, m_2) \in \arg\max_{m_i, m_j} E\{\lambda_1(p_1 - \gamma_1)D_1(p_1, p_2, m_i, m_j) + \lambda_2(p_2 - \gamma_2)D_2$$
$(p_1, p_2, m_i, m_j) + (1 - \lambda_1)I_1(m_i, D_1(p_1, p_2, m_i, m_j)) + (1 - \lambda_2)I_2[m_j,$
$D_2(p_1, p_2, m_i, m_j)] - c_1(m_i) - c_2(m_j)\}$

另外，合资企业的定价、企业与外方母公司之间的技术转移合约以及外方

母公司的技术转移程度满足外方母公司的参与约束条件，即

$$E[\lambda_1(p_1 - \gamma_1)D_1 + \lambda_2(p_2 - \gamma_2)D_2 + (1 - \lambda_1)I_1 + (1 - \lambda_2)I_2 - c_1(m_1) -$$

$$c_2(m_2)] \geqslant R \tag{7-2}$$

R 表示外方母公司在市场中的保留收益。下面我们对均衡条件下合资企业为什么会选择共谋的价格水平给出一个简单的说明，更规范的证明参见 Bernheim 和 Whinston（1985）。

与一般的委托代理问题一样，企业 1 总能对技术转让合约 I_1 增加或减少一个常数使得参与约束条件（7-2）的等号恰好成立。将这一等式代入（7-1），企业 1 的利润最大化问题变为：

$$\max_{p_1, I_1} E\left[\frac{1}{1-\lambda_1}(p_1 - \gamma_1)D_1 + \frac{\lambda_2}{1-\lambda_1}(p_2 - \gamma_2)D_2 + \frac{1-\lambda_2}{1-\lambda_1}I_2 - \frac{1}{1-\lambda_1}c_1(m_1) -\right.$$

$$\left.\frac{1}{1-\lambda_1}c_2(m_2)\right] - \frac{1}{1-\lambda_1}R \tag{7-3}$$

由于企业 2 的选择 (p_2^*, I_2^*) 满足

$$\max_{p_2, I_2} E[(p_2 - \gamma_2)D_2 - I_2] \tag{7-4}$$

（7-3）×（1 - λ_1）+（7-4）×（1 - λ_2）可得，企业 1 和企业 2 的价格和技术转移合约 (p_1^*, I_1^*) 和 (p_2^*, I_2^*) 满足

$$\max_{p_1, I_1, p_2, I_2} E[(p_1 - \gamma_1)D_1 + (p_2 - \gamma_2)D_2 - c_1(m_1) - c_2(m_2)] - R$$

也就是说，当外方母公司同时向两家合资企业纵向供给关键零部件时，两家企业会选择共谋的价格水平使得他们的联合利润减去外方母公司的技术转移成本最大化。Bernheim 和 Whinston（1985）还证明，在这种情况下两个合资企业只保留固定的利润，而将剩余的利润以技术转让费的形式全部转移给外方母公司。

在现实中，我们很难清楚地了解合资企业与外方母公司技术转移合约的形式。不过有调查表明如果核心技术在外方手中，合资企业利润的绝大部分都会被外方获得[①]，尽管外方在股权上并不占有优势。庆幸的是，利用我们能观察

---

① 陈妍妍：《证券日报》，《合资车企被"反垄断"拖下水，中方喊冤称利润大头都被外方抽走》，2013 年 8 月 16 日。

到的乘用车价格、销量和特征数据，我们可以对这样两家合资企业是否存在共谋的定价行为进行检验。下面，我们提出 Common Agency 理论下关于中国乘用车市场竞争结构的假设。

2. 中国乘用车市场竞争结构假设

假设一（H_1）（围绕外方母公司技术控制共谋）：同一外方母公司参股的合资品牌企业，如果他们的自动变速箱都由外方母公司供给，他们之间则存在共谋。

假设一告诉我们中国乘用车合资企业关键零部件的纵向一体化关系和市场中的共谋形式密切相关。根据表 7 - 1，由于外方母公司对核心技术的纵向输入，形成了三个共谋集团：分别是东风本田和广汽本田形成的共谋集团，北京现代和东风悦达起亚形成的共谋集团以及一汽丰田和广汽丰田形成的共谋集团，这三个共谋集团和其他所有合资企业之间又相互竞争。假设一是本章验证的主要假设，为了检验这一假设的正确性，我们需要引入一些备择假设与之对比。

在市场换技术的产业政策下，以大众、丰田为代表的国外大型汽车制造商和以一汽、上汽为代表的国有汽车集团组建的合资企业成为了中国乘用车市场的主要力量。通过股权的联系，中国乘用车市场实际上形成了围绕着几大国外汽车制造商和几大国有汽车集团的企业阵营。已有针对中国乘用车市场竞争结构的实证文献（王皓和周黎安，2007；Hu 等，2014）都对这一市场特征给予了关注。Hu 等（2014）指出，股权的联系伴随着人员和技术在企业之间流动，这使得企业之间围绕中外双方母公司的共谋成为可能。由于中方掌握了大部分股权，中方可能在合资企业中更有话语权。因此这种共谋很可能围绕着中方母公司展开。我们引入假设二：

假设二（H_2）（围绕中方母公司共谋）：同一国有企业集团参股的企业之间存在围绕着企业集团的共谋。

虽然中方在股权上占有优势，其他的关键资源则掌握在外方手中：除了掌握核心技术，外方还控股了关键零部件供应商，另外一些合资企业的要职也由外方委派（Hu 等，2014）。因此合资企业的话语权也可能落在外方手中。假设三的市场竞争结构同样有可能出现：

假设三（H₃）（围绕外方母公司共谋）：同一外方母公司参股的企业之间存在共谋。

而中外双方博弈的另一种结果就是，围绕着任一方的共谋最终都没有形成，所有企业之间进行伯川德竞争。另外中国乘用车企业数量众多，市场相对割裂，也增加了企业之间进行伯川德竞争的可能性。因此我们的最后一个备择假设为假设四：

假设四（H₄）（纳什—伯川德竞争）：市场中并不存在共谋，所有的企业之间进行纳什—伯川德竞争。①

下面的实证部分，我们把假设二至假设四分别与假设一进行两两比较，以验证假设一的正确性。

四、实证模型

1. 需求模型

我们用随机系数 Logit 模型刻画消费者对汽车产品的选择，这一模型考虑到个体对产品特征偏好的差异化，能较好地刻画产品之间的替代关系②。具体地，在第 t 个月，消费者 i 从购买产品 j 中获得的间接效用可以表示为：

$$u_{ijt} = \alpha_i \ln(p_{jt}) + \beta_i x_j + \xi_j + \varepsilon_{ijt}$$

---

① 由于文章的主要目的是验证假设一的正确性，而不是对中国乘用车市场的竞争结构进行探讨。假设二到假设四只是作为备择假设与假设一进行对比，限于篇幅，我们没有对假设二到假设四进行更详细的讨论，关于这三个假设更详细的讨论可参见针对中国乘用车市场竞争结构的实证研究（Hu 等，2014）。

② 传统的离散选择模型（简单 Logit 模型）假设消费者对于产品特征的偏好是同质的，这背后隐含了产品之间替代性的 IIA（Independence from Irrelevant Alternatives）假设：一种商品对另一种商品的交叉价格弹性只取决于另一种商品的价格和市场份额，而和这两种商品是否真正在特征上相近无关；在随机系数 Logit 模型下，一种商品对另一种商品的交叉价格弹性不仅取决于另一种商品的价格、市场份额，还取决于整个消费者群体对产品特征偏好的分布，显然这种设定与现实更相符合。

其中，p_{jt} 表示产品价格，x_j 表示可观察到的影响消费者效用的产品特征，包括车辆的最大功率、重量、最高时速以及它们的平方项，另外年、月、企业的哑变量也被加入以剔除时间波动和企业差异对需求的影响。ξ_j 表示我们无法观察到的，但是同样会影响消费者决策的产品特征，这些特征包括汽车的口碑等。我们加上 BLP 模型中关于 ξ_j 的一个标准假设，即 ξ_j 关于所有产品可观察到的特征（包括影响需求的特征和影响成本的特征）是均值独立的。用 x 表示所有产品可观察到的影响需求的特征列向量组成的矩阵 $[x = (x_1, \cdots, x_J)]$，用 x^s 表示所有产品可以观察到的影响成本的特征列向量组成的矩阵 $(x^s = [x_1^s, \cdots, x_J^s]$，关于影响成本的特征下文的供给模型会给出更详细的说明）。我们有：

$$E(\xi_j \mid x, \ x^s) = 0$$

ε_{ijt} 是随机误差项。其中，α_i，β_i 可表示为：

$$\begin{pmatrix} \alpha_i \\ \beta_i \end{pmatrix} = \begin{pmatrix} \alpha \\ \beta \end{pmatrix} + \sum_v v_i + \sum_d d_i , \ v_i \sim N(0, 1), \ d_i \sim N(0, 1)$$

其中，v_i 表示消费者偏好相对于平均水平的偏差，d_i 表示消费者的人口特征（这里选取了收入的倒数 $1/y_i$）。价格系数 α，产品特征系数向量 β 以及正定矩阵 $\sum_v$、$\sum_d$ 中元素组成的向量 σ、π 是待估计的参数。把 u_{ijt} 写成下面形式：

$$u_{ijt} = \delta_{jt}(p_{jt}, x_j, \xi_j; \alpha, \beta) + \mu_{ijt}(v_i, d_i; \sigma, \pi) + \varepsilon_{ijt}$$

其中，$\delta_{jt}(p_{jt}, x_j, \xi_j; \alpha, \beta)$ 表示消费者的平均效用，$\mu_{ijt}(v_i, d_i; \sigma, \pi)$ 表示消费者 i 相对于平均效用的偏差，用 J_t 表示第 t 个市场产品的数量，$P(y_i)$、$P(v_i)$ 分别表示收入 y_i、消费者对产品特征的偏好向量 v_i 的累积分布函数，在 ε_{ijt} 服从第一类极值分布的情况下，产品 j 的市场份额可以表示为：

$$s_{jt} = \int \frac{\exp(\delta_{jt} + \mu_{ijt})}{1 + \sum_{k=1}^{J_t} \exp(\delta_{kt} + \mu_{ikt})} dP(y_i) dP(v_i) \tag{7-5}$$

2. 供给模型

厂商通过设定产品的价格最大化自己的利润，但是根据市场竞争结构的不同，这些利润最大化的目标函数也不相同。在各个厂商纳什—伯川德竞争时，每个厂商都最大化自身的利润；而在企业之间存在共谋时，共谋的企业会使他们的联合利润最大化。我们将每个利润最大化的组织记为F_f。在纳什—伯川德竞争中，F_f就是指单个企业，而对于存在企业共谋的情况中，F_f指的是参与共谋的几个企业组成的一个集合。每个追求利润最大化的组织通过设定组织内部所有的产品价格使得这些产品的利润之和最大化，即

$$\max_{\{p_{jt}\}_{j \in F_f}} \sum_{j \in F_f} (p_{jt} - mc_{jt}) M s_{jt}$$

其中，mc_{jt}表示每种产品的边际成本，M表示市场规模。我们假定边际成本的形式如式（7-6）所示：

$$\ln(mc_j) = x_j^s \gamma + \omega_j \tag{7-6}$$

其中，x_j^s表示影响产品成本的特征组成的向量包括：重量、油耗（每百公里耗油）、最高时速和他们的平方项。另外考虑到规模经济对成本的影响，我们将每种车型的累计销量及其平方项也加入解释变量中。另外年、月、企业的哑变量也被加入进来以剔除时间波动和企业差异对成本的影响。ω_j表示无法观察到的影响成本的因素，与需求模型类似我们假设ω_j关于所有产品的特征是均值独立的。即$E(\omega_j \mid x, x^s) = 0$。

对任意的$j \in F_f$，利润最大化的价格p_{jt}满足一阶条件：

$$s_{jt} + \sum_{r \in F_f} (p_{rt} - mc_{rt}) \frac{\partial s_{rt}}{\partial p_{jt}} = 0$$

表达为矩阵的形式：

$$p_t - mc_t = \Delta_t^{-1} s_t \tag{7-7}$$

其中，Δ_t为$J_t \times J_t$的矩阵，J_t仍然表示第t个月中产品的数量，矩阵的每个元素Δ_{jrt}满足：

$$\Delta_{jrt} = \begin{cases} -\dfrac{\partial s_{rt}}{\partial p_{jt}}, & r \in F_f \text{ 并且 } j \in F_f \\ 0, & \text{其他} \end{cases} \tag{7-8}$$

因此每个产品的利润$p_{jt} - mc_{jt}$取决于所有产品的市场份额以及市场份额关于价格的偏导。将一阶条件的矩阵形式代入成本函数式（7-6），可以得到如下等式：

$$\ln \left(p_t + \Delta_t^{-1} s_t \right) = x^s \gamma + \omega$$

其中，x^s 是由所有产品的成本特征向量组成的矩阵，γ 是这些特征的系数向量，ω 为所有 ω_j 组成的列向量。

从上面的推导中可以看出，不同的市场竞争结构会产生不同的利润最大化组织形式 F_f 以及不同的矩阵 Δ_t，进而能得到不同的边际成本 mc_t，我们对市场竞争结构的假设检验就是要比较这几种假设下的边际成本哪种能更好地被式（7-6）右边的解释变量解释。

3. 模型估计方法

本章利用 BLP（1995）的方法，先对需求模型的参数进行了估计，然后利用需求模型的估计结果对供给模型的参数进行了估计。由于需求模型只与消费者的偏好有关而与厂商的行为无关，我们对几种市场竞争结构的假设并不影响需求模型中的估计结果。

具体的估计过程如下：首先，已知 y_i 和 ν_i 的分布和市场份额 s_{jt}，对于给定的一组参数 $\theta_2 = (\sigma, \pi)$，μ_{ijt} 可以被计算出来，我们可以用压缩映射的方法找出使式（7-5）右边恰好等于 s_{jt} 的一个 δ_{jt} 的值，也就是说我们可以建立 θ_2 与 δ_{jt} 之间的函数关系，即 $\delta_{jt} = \delta_{jt}(\theta_2)$。在对式（7-5）右边进行计算时，为了减少计算的复杂度，我们采用了模拟的方法（BLP，1995）：从已知的 y_i 和 ν_i 的分布中随机抽取 n 对 (y_i, ν_i)，并用下面的公式近似地计算出等式（7-5）右边的值：

$$s_{jt} = \frac{1}{n} \sum_{y_i, \nu_i} \frac{\exp(\delta_{jt} + \mu_{ijt}(y_i, \nu_i))}{1 + \sum_{k=1}^{Jt} \exp(\delta_{jt} + \mu_{ijt}(y_i, \nu_i))} \qquad (7-9)$$

将 $\delta_{jt} = \delta_{jt}(\theta_2)$ 代入平均效用函数，就可以对模型中所有的参数 $\theta = (\theta_1, \theta_2)$ 进行估计，其中 $\theta_1 = (\alpha, \beta)$。由于价格 p_{jt} 和无法观察到的产品特征 ξ_j 存在相关性，引入工具变量 z^d，利用广义矩估计的方法求出参数 θ 的值。其中 z^d 满足：

$$E(\xi_j(\theta) \mid z^d) = 0$$

我们用了以下三组变量作为需求模型的工具变量：第一组变量是常数项，可观察到的产品特征包括最大功率、重量、最高时速和这些特征的平方项；第二组变量是同一企业其他产品的产品特征的均值以及其他企业所有产品的产品特征均值。这两组变量的选择借鉴了 Berry 等（1995）的研究内容，其合理性包括两个方面：其一，我们假设不可观察到的特征均值独立于可观察到的产品特征，即 $E\left(\xi_j \mid x, x^s\right)=0$，因此可观察到的产品特征的线性组合均值也独立于 ξ_j；其二，式（7-7）表明，产品的价格取决于自身的产品特征，同时还取决于市场上所有其他产品的特征：当自身产品的质量比较高时，其市场份额比较大，在同样条件下，厂商可以收取更高的价格；而当竞争者的产品质量比较高时，厂商必须压低价格才能保证市场份额。因为厂商自身产品之间的替代性高于其他厂商产品的替代性，所以我们区别对待不同厂商产品的特征值，并用其均值来近似他们与价格之间复杂的函数关系。另外，我们选择了钢铁价格与前两组工具变量中的重量特征（包括产品自身的重量、同一企业其他产品重量的均值以及其他企业所有产品重量的均值）的交叉项作为第三组工具变量，这一组工具变量能反映生产者的成本投入[1]。由于国内汽车生产用的钢铁50% 来自进口，我们利用美国劳工统计局公布的钢铁产品出口价格指数衡量钢铁价格。另外第二、第三组工具变量的平方项也被加入工具变量中。

根据需求模型的估计结果，利用式（7-9）我们可以求出一种产品市场份额关于其他产品价格的偏导：

$$
\frac{\partial s_{jt}}{\partial p_{kt}}=\begin{cases}\dfrac{1}{n}\sum_{y_i,\nu_i}\alpha_i\dfrac{1}{p_{jt}}s_{jt}(1-s_{jt}),k=j\\[3mm]-\dfrac{1}{n}\sum_{y_i,\nu_i}\alpha_i\dfrac{1}{p_{kt}}s_{jt}s_{kt},k\neq j\end{cases}
$$

其中，$\alpha_i=\alpha+\sigma_\alpha\nu_i\alpha+\pi_\alpha/y_i$。将上式代入式（7-8），在每种市场竞争结构的假设下，计算出对应的 Δ_t^{-1}，就可以对每种竞争结构假设下成本函数式（7-6）中的参数进行估计。同样为了解决累计销量 q_j 的内生性问题，需要引入供给模型的工具变量 z^s 满足：

$$E(\omega \mid z^s)=0 \tag{7-10}$$

---

① 作为影响产品成本的因素，我们将其作为需求模型的工具变量比较自然：一方面它和产品的价格相关；另一方面假设钢铁的价格和产品无法观察到的特征（例如品牌的口碑等）不相关也是合理的。

我们将需求模型中的第二、第三组工具变量和它们的平方项加入到 z^s 中，另外常数项、成本函数式（7-6）中的产品特征变量包括重量、油耗和最高时速以及这些特征的平方项也被作为供给模型中的工具变量，产品重量的平方与钢铁价格的交叉项也被包括进来①。

4. 假设检验方法

利用供给模型的估计结果，我们可以用 Rivers 和 Vuong（2002）的方法对前文"中国乘用车市场竞争结构假设"的四种假设进行两两检验。在两种市场竞争结构 M_1 和 M_2 的假设下，根据式（7-10）能得到两个矩条件：

$$E(m_1(\gamma_1)) = 0, \quad E(m_2(\gamma_2)) = 0$$

其中，$m(\gamma) = (\ln(p_t + \Delta_t^{-1} s_t) - x^s \gamma) z^s$，求出估计值 $\hat{\gamma}_l$ 后，构造目标方程 $\hat{Q}_l = \hat{G}_l' W \hat{G}_l$，$\hat{G}_l = \dfrac{1}{n} \sum m_i(\hat{\gamma}_l)$，其中，$W = \left(\dfrac{1}{n} z^s{}' z^s\right)^{-1}$ 为加权矩阵。比较 $\hat{Q}_1$ 和 $\hat{Q}_2$ 的大小能告诉我们哪种市场竞争结构下估计出的成本能更好地被成本函数式（7-6）刻画。统计量 $T_n = \dfrac{\sqrt{n}}{\sigma}(\hat{Q}_1 - \hat{Q}_2)$ 服从标准正态分布（Rivers 和 Vuong，2002），$\hat{\sigma}^2$ 为两目标方程之差的样本方差，它由如下公式给出：

$$\hat{\sigma}^2 = 4 \left[G_1' W E_{11} W G_1 + G_2' W E_{22} W G_2 - 2 G_1' W E_{12} W G_2 \right]$$

其中，$\hat{E}_{IJ} = \dfrac{1}{n} \sum m_i(\hat{\gamma}_l) m_j(\hat{\gamma}_J)'$。在一次假设检验中，原假设（$H_0$）为 M_1 和 M_2 是渐进等价的；第一个备择假设（H_1）为 M_1 渐进优于 M_2；第二个备择假设（H_2）为 M_2 渐进优于 M_1。记 a 为显著性水平，$z_{a/2}$ 为标准正态分布下该显著性水平对应的临界值。如果 $T_n < -z_{a/2}$，我们拒绝原假设 H_0 选择 H_1；如果 $T_n > z_{a/2}$，我们拒绝原假设 H_0 选择 H_2；在其他情况下，我们无法拒绝 H_0。

---

① 这几组工具变量的选取方法和合理性与需求模型完全类似。

五、数据来源和描述性统计

我们的数据包括2004年1月到2009年12月中国乘用车市场国产车型的销售数据和特征数据。由于缺少进口车辆和二手车的数据，我们把他们和数据没有包含的国产车型以及消费者不买车的选择当作外部商品。车型的销售数据来自中国汽车工业协会。中国汽车工业协会的成员中包括了国内的所有主要汽车制造商。得益于此，我们的样本涵盖了数据期几乎所有在售国产乘用车型。这些制造商会上报每款车型的月度销售数据。基于此，我们将月作为时间单位，共包含了2004年到2009年的72个月。一款车型在一个月的数据为一个观察值，一共有13393个观察值。另外，我们计算出了每款车型自上市起至2009年12月的累计销量作为成本函数中的自变量。为了计算每款车型的市场份额，我们需要知道中国乘用车市场的规模。考虑到我国乘用车消费群体主要为城镇家庭，我们将中国城镇家庭数量作为我国乘用车的潜在市场规模。这一数据来自2000年国家统计局第五次人口普查，我们假设这一数值没有变化[①]。车型的价格和特征数据来自《汽车导购》月刊，我们搜集了每个月各款车型的厂商指导价[②]、重量、最大功率、最高时速、油耗、排量等特征。不过从数据来看，在我们的样本区间中，除非厂商对车型进行改款，同一款车型的特征并不会发生变化，而厂商指导价在不同的年份会出现波动。这说明，由于我们的样本区间较短，厂商主要将价格调整作为一种竞争策略，这也印证了上一部

[①] 根据2000年国家统计局第五次人口普查数据，我国城镇家庭数量为849000000户，占全国家庭总数的1/4。

[②] 最理想的情况是用车辆的实际交易价格作为车辆的价格数据，但是受限于数据的可获得性，我们用厂商指导价格作为近似。事实上，在中国乘用车授权经销制度下，经销商的实际售价受到厂商的严格约束，因此车辆的实际交易价格与厂商指导价相差并不大。

分实证模型中我们假设厂商选择价格使得自身或者利益集团利润最大化是合理的[1]。在需求模型中，由于消费者的特征将直接影响到其对产品的选择，为了使估计结果更准确，我们利用了消费者的收入数据。根据 2004～2009 年《中国统计年鉴》中公布的中国城镇居民家庭收入抽样调查数据，我们估计出了 2004～2009 年每年的中国城镇居民家庭收入分布函数[2]。虽然我们以月度作为市场，考虑到中国家庭收入和汽车价格的实际水平[3]，我们假设一个家庭对汽车的消费主要受到这个家庭的年收入的影响而不是月收入的影响。因此我们将每个市场所在年的家庭收入分布当作这个市场中消费者的收入分布。表 7－3 给出了车型月销量、累计销量和下文用到的车型特征的描述性统计，其中厂商指导价格根据 2003 年的价格水平进行了平减。

表 7－3　月销量、累计销量和车型特征的描述性统计

变量	均值	标准差	最小值	最大值
月销量（辆）	2102	2807	10	27287
累计销量（10^6 辆）	6.992	10.090	1.400×10^{-5}	51.121
厂商指导价（1000 元）	138.2	102.7	22.2	817.0
重量（1000 千克）	1.344	0.299	0.645	2.690
最高时速（100 千米/小时）	1.77	0.25	1	3.40
油耗（公升汽油/100 千米）	6.926	1.880	3.600	21.700
最大功率（100 千瓦）	0.361	0.114	0.128	1.345
观察值个数	13393			

注：厂商指导价已经根据 2003 年的价格水平进行了平减。

---

① 从中长期来看，厂商不仅选择价格也会调整车型特征使得自身利润最大化（Klier 和 Linn，2012）。

② 国家统计年鉴中给出了城镇居民家庭收入抽样调查中最低收入户（10%），较低收入户（10%），中等偏下收入户（20%），中等收入户（20%），中等偏上收入户（20%），较高收入户（10%）和最高收入户（10%）这 7 个等级家庭的人均收入，根据这些数据，假设居民收入服从对数正态分布，我们能给出收入分布函数的参数估计。

③ 根据国家统计局的数据，2009 年中国一个城镇中等收入三口之家的可支配收入为 39657 元（2003 年的价格），接近我们样本中乘用车平均价格的 1/3。

六、实证结果

1. 参数估计结果

（1）需求模型。在给出随机系数 Logit 模型估计结果之前，表 7 - 4 第 1、第 2 列首先给出了利用简单 Logit 模型（$\mu_{ij}t = 0$）刻画消费者需求的估计结果。第 1 列是不考虑价格的内生性问题采用普通最小二乘法的估计结果。第 2 列是为了解决价格内生性问题引入工具变量利用两阶段最小二乘法的估计结果。工具变量使用了第四节提到的需求模型的工具变量。比较第 1、第 2 列价格对应的系数不难发现忽略价格的内生性问题会低估消费者对价格的敏感程度。另外在普通最小二乘法的估计中，重量的平方项对应的系数并不显著，引入工具变量之后这一系数变得显著。在产品的几个特征之中，重量和最高时速的一次项系数为正，二次项系数为负，即消费者喜欢更重更快的汽车。

表 7 - 4　需求模型估计结果

解释变量	简单 Logit 模型最小二乘法估计	简单 Logit 模型工具变量估计	随机系数 Logit 模型		
			均值（β）	标准差（σ）	与收入的倒数的交叉项（π）
价格（对数）	- 1.6417 ***	- 2.4443 ***	- 2.3652 ***	0.0700 ***	- 2.7168 ***
	（- 24.4174）	（- 3063.0029）	（- 15.1794）	（148.1412）	（- 55.1175）
常数项	- 9.1106 ***	- 7.9249 ***	- 7.4722 ***	—	4.9397 ***
	（- 17.8564）	（- 15.7514）	（- 13.5651）		（23.6788）
最大功率	- 2.0409 ***	- 2.0292 ***	- 1.2135 ***	0.7008 ***	—
	（- 4.0612）	（- 4.0164）	（- 2.9718）	（17.9219）	
最大功率的平方	1.6366 ***	2.0875 ***	1.3954		
	（3.4502）	（4.3913）	（4.5235）		
重量	1.1118 ***	2.8919 ***	3.9763 ***	- 0.1366 ***	
	（2.9301）	（8.2438）	（8.2818）	（- 16.6014）	

续表

解释变量	简单 Logit 模型 最小二法乘估计	简单 Logit 模型 工具变量估计	随机系数 Logit 模型		
			均值（β）	标准差（σ）	与收入的倒数的 交叉项（π）
重量的平方	−0.0952 （−0.8271）	−0.3998*** （−3.5452）	−0.6147 （−5.2254）	—	—
最高时速	4.3622*** （10.1279）	4.8414*** （11.2295）	5.8465*** （14.2633）	−0.5921*** （−319.9272）	—
最高时速的 平方	−1.0182*** （−8.9745）	−0.9736*** （−8.5405）	−1.3101*** （−12.3712）	—	—
观察值个数	13393				
R^2	0.2639	0.2560	—	—	—

注：括号中给出了 t 统计量；限于篇幅，结果中省略了哑变量的系数。

随着重量和速度的增加，每单位重量和速度给消费者带来的正效用越来越少，这基本与我们的直觉相符。最大功率的系数为负，它的平方项的系数为正，这与我们直觉相反。一种解释是大功率往往意味着高油耗，而消费者喜欢低油耗的汽车。第3至第5列给出了利用随机系数 Logit 模型刻画消费者需求的结果。均值 β 的估计结果与利用工具变量的简单 Logit 模型估计结果接近。第5列中价格与收入的倒数的交叉项系数显著且为负，这说明收入越高的消费者对价格越不敏感。

表 7-4 随机系数 Logit 模型的估计结果中，价格的系数无法直观地反映价格的变化对产品需求的影响。因此我们计算出了产品的自身价格弹性，所有产品的自身价格弹性都在 2.8～3.3 变动。也就是说，产品价格每上升 1%，其市场份额就会下降 3% 左右。另外我们发现随着时间的推移，产品的平均价格弹性变小，这可能和 2004～2009 年我国居民家庭收入的提高，对乘用车的需求增大有关①。

---

① 根据 2011 年汽车工业年鉴的数据，2004～2009 年我国乘用车千人拥有量从 13.35 辆增长到 31.82 辆，增长了 1 倍多。

（2）供给模型。对供给模型的估计依赖于市场竞争结构的假设，表7-5给出了四种不同的市场竞争结构下的供给模型的估计结果。四组估计结果非常接近，由此可以得出不同的市场竞争结构下的关于成本函数的一些共同结论：第一，累计销量的一次项系数为负并且显著，说明汽车生产中存在规模经济，产量的增大会降低边际成本，累计销量的二次项系数为负并且显著，说明随着产量的增加边际成本的下降越来越不明显；第二，消费者关心的几个特征——重量、油耗、最高时速中，变量本身和它的平方项中至少有一个系数是显著的。在前面的需求模型估计结果中，重量和最高时速与消费者的效用正相关，而这两个特征也和汽车的边际生产成本正相关。油耗的平方系数为正并且显著，这说明油耗越高边际成本越高，与我们的直觉相反，这可能是由于我们在成本函数中没有控制汽车的功率这一变量。我们给出了四种竞争结构下所有产品的平均利润、利润率和成本。每种竞争结构下所有产品的平均利润率非常接近，均在34.53%～34.56%。

表7-5　不同市场竞争结构假设下供给模型估计结果

解释变量	围绕外方母公司技术控制共谋（H₁）	围绕中方母公司共谋（H₂）	围绕外方母公司共谋（H₃）	纳什—伯川德竞争（H₄）
常数项	1.1350 ***	1.1343 ***	1.1352 ***	1.1351 ***
	(5.7975)	(5.7912)	(5.7939)	(5.7978)
累计销量	-0.0095 ***	-0.0094 ***	-0.0095 ***	-0.0095 ***
	(-6.5363)	(-6.5224)	(-6.5420)	(-6.5342)
累计销量的平方	0.0001 ***	0.0001 ***	0.0001 ***	0.0001 ***
	(5.3280)	(5.2974)	(5.3095)	(5.3249)
重量	2.2120 ***	2.2127 ***	2.2126 ***	2.2118 ***
	(28.6544)	(28.6647)	(28.6566)	(28.6601)
重量的平方	-0.3848 ***	-0.3849 ***	-0.3849 ***	-0.3848 ***
	(-14.6373)	(-14.6441)	(-14.6385)	(-14.6408)
油耗	0.0011	0.0013	0.0011	0.0012
	(0.2647)	(0.2975)	(0.2657)	(0.2737)
油耗的平方	0.0015 ***	0.0015 ***	0.0015 ***	0.0015 ***
	(6.9583)	(6.9224)	(6.9525)	(6.9469)

解释变量	围绕外方母公司技术控制共谋（H_1）	围绕中方母公司共谋（H_2）	围绕外方母公司共谋（H_3）	纳什—伯川德竞争（H_4）
最高时速	0.4599 ** （2.1777）	0.4595 ** （2.1747）	0.4588 ** （2.1702）	0.4600 ** （2.1777）
最高时速的平方	0.0891 （1.4689）	0.0892 （1.4708）	0.0894 （1.4737）	0.0891 （1.4689）
观察值个数	13393			
R^2	0.9269	0.9268	0.9268	0.9269
利润（价格－成本）	48.0908	48.1279	48.1272	48.0823
利润率（（价格－成本）/价格）	0.3453	0.3456	0.3456	0.3453
成本	90.1204	90.0833	90.0840	90.1289

注：括号中给出了 t 统计量；利润和成本单位均为 1000 元；限于篇幅，结果中省略了哑变量系数的估计结果。

2. 假设检验结果

根据供给模型的估计结果，对第三节的四种市场竞争结构进行两两检验，检验结果如表 7 – 6 所示。每一行对应着一个原假设，列对应着备择假设。一共需要进行六对检验，每对假设检验的统计量被给出，这些统计量服从标准正态分布。当统计量显著小时（在 5% 的显著性水平下小于 – 1.64），说明原假设下的模型比备择假设能更好地拟合真实数据，即原假设渐进优于备择假设；当统计量显著大时（在 5% 的显著性水平下大于 1.64），备择假设渐进优于原假设；在其他情况下，原假设和备择假设渐进等价。

我们的结果支持 H_1：在 5% 的显著性水平下 H_1 渐进优于其他所有假设。也就是说，同一外方母公司参股的合资品牌企业，如果他们的自动变速箱都由外方母公司纵向一体化供给，则他们之间存在共谋。合资品牌企业的外方母公司通过对核心技术的控制获得了合资企业剩余利润的索取权，从而消除了接受技术的合资企业之间的竞争外部性，促成了共谋的结果，这在一定程度上解释了我国乘用车市场上合资品牌汽车的高价格。也说明，政府对整车厂商股比的限制下，外方看似在合资企业中并不具有主导地位，通过控制上游零配件厂商，他们同样影响了合资企业的定价行为和市场的竞争结构。在5%的显著性水平下，假设（H_2）被假设（H_3）和假设（H_4）拒绝；假设（H_3）被假设（H_4）拒绝。这说明在中国乘用车市场中围绕着几大国有汽车集团或者外方母公司的共谋并不存在。纳什—伯川德竞争的假设（H_4）尽管渐进优于假设（H_2）和假设（H_3），它仍然被（H_1）拒绝。

表7-6 假设检验结果

原假设	备择假设		
	围绕中方母公司共谋（H_2）	围绕外方母公司共谋（H_3）	纳什—伯川德竞争（H_4）
围绕外方母公司技术控制共谋（H_1）	-5.533	-5.254	-2.046
围绕中方母公司共谋（H_2）	—	1.808	4.899
围绕外方母公司共谋（H_3）	—	—	3.758

注：表中给出了每对检验的统计量，这些统计量服从标准正态分布。

在我们支持的假设（围绕外方母公司技术控制共谋）下，整个市场的企业可以分为三类：第一类是参与了共谋的合资企业，这些企业的自动变速箱由外方母公司供给；第二类是没有参与共谋的合资企业，他们的自动变速箱由市场供给；第三类企业是自主品牌企业。表7-7给出了这三类企业产品利润和所有企业产品利润的描述性统计。从表7-7中我们看到参与共谋的合资企业的平均利润不仅明显高于自主品牌厂商，也略高于未参与共谋的合资企业。而从产品利润的最大值来看，几类企业的差距更加明显：参与共谋的合资企业的产品利润的最大值比未参与共谋的合资企业高出24534元，比自主品牌企业高出178132元。这说明，在外方母公司纵向技术控制而促成的共谋下合资企业获得了更高的利润，但是这些利润的绝大部分将被外方母公司获得。有意思的是，这种高额利润的获得并不是通过上游外方母公司主动地进行垄断势力的拓展。外方母公司通过与下游合资企业的技术转移合约，改变了下游合资企业的竞争外部性，使得下游的合资企业主动地选择了共谋的结果，消费者不得不为此支付更高的价格。

表7-7　我们支持的假设（围绕外方母公司技术控制共谋）
下几类厂商产品利润的描述性统计

	参与共谋的合资企业	未参与合谋的合资企业	自主品牌企业	所有企业
平均值	58.4586	57.4533	28.4330	48.0908
标准差	41.2171	38.4599	16.4551	36.5213
最小值	10.7634	9.4364	7.1729	7.1729
最大值	302.3063	277.7727	124.1747	302.3063

注：利润单位为1000元。

七、结论和进一步讨论

本章的结论显示，零部件行业对整个乘用车市场竞争结构的溢出效应同样存在，与自主品牌在关键零部件领域的突破不同，长期依靠外方技术输入的合资品牌企业关键零部件技术仍然被外资所控制。利用共同代理人模型，我们指出这种合资品牌中的外方对上游核心技术的控制可能导致整个乘用车市场的价格共谋：具体地，同一外方母公司参股的合资企业，如果他们的关键零部件均由外方母公司纵向一体化供给，则他们之间存在共谋。在对乘用车市场需求和供给估计基础上的实证检验结果表明，围绕着控制了核心技术的外方母公司的价格共谋确实存在，参与共谋的合资企业利润不仅明显高于自主品牌企业也高于其他合资企业，不过利润中的绝大多数被外方母公司获得。这一结果背后的形成机制在于，在技术转移的合约下，外方母公司成为了两家企业的共同代理人，使两家企业的竞争外部性内部化，从而促成了共谋的结果。这一结果在一定程度上解释了我国合资品牌汽车的高价格。在高额的技术转让费下，不仅中方企业获利微薄，消费者也不得不支付高价格。

值得一提的是，本章对乘用车市场需求模型的估计基于静态离散选择模型（Berry 等，1995）。在汽车等耐用品或可存储品市场中，产品的替代性不仅存在于同一期的商品之间也存在于当期的和未来期的商品之间，越来越多的文献（Hendel 和 Nevo，2006；Gowrisankarn 和 Rysman，2012；Copeland，2014）将传统的静态 BLP 模型拓展到动态 BLP 模型。尽管动态模型能更好地刻画商品质量和价格变化对消费者商品选择的影响，考虑到对外部商品的界定方法和样本的特点，动态模型的收益并不大。一方面，外部商品的界定本身包括了推迟购买的可能性：如果消费者选择在未来购买商品，说明他对于现在的商品性价比不满意，因此选择外部商品。另一方面，我们的样本期比较短，商品质量变化有限；我们的价格数据采用的是车辆的厂商指导价，这一数据随时间波动远不如实际交易价格波动那样频繁。另外，考虑到动态模型的计算成本将急剧上升，我们最终采用了静态模型。

我们的结果对当前汽车行业的反垄断调查以及今后汽车行业产业政策的制定都具有现实的指导意义。下一步的反垄断调查应当关注上下游企业之间的纵向一体化关系和由此引发的整车厂商之间的价格共谋行为。由于这种共谋形式较为隐蔽，在调查中应予以重视。虽然本章的研究并没有涉及下游的汽车经销商，由于整车厂商参与汽车经销在我国并没有受到限制，车企与下游经销商的纵向一体化关系同样普遍存在。这种纵向一体关系可能带来的共谋行为也应当引起反垄断部门的注意。另外，在现行的产业政策下，由于整车厂商股比的限制，外资看似在合资企业中并不具有主导地位，但他们仍然通过对上游零部件厂商的控制影响了合资企业的定价行为以及整个市场的竞争结构。这说明，产业政策的制定如果仅局限在产业链的某个关键环节而忽视了整个产业链的纵向关系，将无法收到预期效果。

第八章 结论和展望

一、结 论

1. 零部件行业的绩效变化

本书解答了如下问题：中国的乘用车零部件行业的绩效变化如何，而零部件行业对下游整车行业产生了怎样的溢出效应。我们的结论表明，开放竞争、下游整车行业的外资进入都推动了零部件行业绩效的提升。从整个产业链来看，这种绩效提升对下游整车行业产生了溢出效应，特别是关键零部件领域的技术进步不仅决定了我国乘用车自主品牌绩效，关系到我国乘用车行业的自主发展能力，更会影响整个乘用车市场的竞争结构、市场主体的利益分配情况以及消费者的福利。

本书第四、第五章先从中国汽车零部件行业平均绩效和企业微观生产率的变化和背后的原因出发，对我国汽车零部件行业的绩效变化进行了分析。我们发现，中国零部件行业的平均绩效变化是和这个行业的开放竞争息息相关的：1998~2007年随着市场经济转轨的深入和全面对外开放，企业大规模进入退出驱动了这个行业规模持续扩张，市场竞争程度不断加剧，企业生产率和利润率也经历了明显提升。然而背后的问题也同样存在：尽管利润率和市场份额之间的较为一致的匹配说明市场的优胜劣汰机制仍然发挥了作用，低进入门槛仍然导致了低生产效率企业的无效进入，另外在位企业之中生产效率和市场份额的不匹配也大量存在，且导致了行业总量生产率的下降。另外国有企业和外资企业的利润优势表明，市场竞争的公平性同样有待进一步提升。

从微观企业个体来看，其生产率的提升离不开我国汽车行业对外开放过程中的 FDI 技术溢出，特别是来自获得了先进外资技术支持的下游整车企业的纵向技术溢出。加入 WTO 前夕，跨国汽车企业通过合资的形式进入中国整车制造行业并达到高峰时期，而在外来车型的国产化过程中，很大程度需要依赖于对零部件的本土采购。这一过程中，为了上游零部件供应商的产品达到供应要求，整车厂商需要对其进行技术和人员培训，本土零部件企业的技术进步很大程度上得益于这其中的技术溢出；整个零部件市场规模的扩张使得零部件企业通过"干中学"积累经验也增大了企业的投资回报率，这些都有助于企业的技术提升；这一时期零部件数量的急剧上升伴随的市场竞争的加剧也对企业的技术改进产生了一定的激励作用。这种纵向溢出离不开政府国产化政策的支持，2005 年之后国产化政策的重新实施，使得下游整车厂商向上游零部件厂商的纵向技术转移和溢出更加明显，不过短期内市场规模的扩张和市场垄断程度的上升使零部件企业产生了技术改进的惰性。

2. 零部件对整车行业的溢出效应

伴随着零部件行业的绩效提升，一个完善的零部件生产体系逐步建立，零部件行业的技术进步对下游整车行业的溢出效应开始凸显。我们发现其对整车企业绩效和行业竞争结构的溢出效应同时存在。一方面，自主品牌企业对关键零部件技术的掌握与产品的持续市场绩效息息相关：关键零部件一体化生产能提升自主品牌产品的短期市场绩效，不过随着企业规模的扩张一体化带来的交易成本上升对产品市场绩效的消极影响也逐渐凸显；上述两个效应在长期内均能持续并进一步放大；而产品的前期开发模式、平台模式等因素均不能持续地影响产品的绩效。关键零部件一体化对市场绩效的影响在不同所有制结构的企业中存在差异，其对产品短期和长期绩效的促进作用都主要发生在民营企业当中，而对坐拥资金和其他资源优势的国有企业影响并不显著。

另一方面，上游关键零部件技术的掌握同样会影响下游乘用车市场的竞争结构。在合资模式下，外方母公司对核心技术的控制使得中国乘用车市场的竞争主体不仅通过资本纽带紧密联系起来，更通过技术纽带成为了利益相关体：同一外方母公司参股的合资企业，如果他们的关键零部件均由外方母公司纵向一体化供给，则他们之间存在共谋，参与共谋的合资企业的利润不仅明显高于自主品牌企业的利润，也高于其他合资企业的利润，不过利润中的绝大多数被外方母公司获得。事实上，在技术转移合约下，外方母公司不仅获得了高额的利润转移，也成为了两家企业的共同代理人，使两家企业的竞争外部性内部化，从而促成了共谋的结果。这一结果在一定程度上解释了我国合资品牌汽车的高价格。在高额的技术转让费下，不仅中方企业获利微薄，消费者也不得不支付高价格。

二、启　示

　　1. 关键零部件行业发展和制造业转型升级

　　上述结论对当前制造业的产业链优化升级具有重要的启示性，关键技术上的受制于人仍然是制约我国制造业产业链进一步优化升级的关键因素。在我国高端装备制造业为代表的战略新兴行业的工业主体建设中，提升本土企业的基础配套能力，不仅对行业今后的自主发展至关重要，同样会关系到整个行业市场势力的形成。特别是在关键技术方面的自主创新，应当成为完善我国制造业产业链条，提高产业核心竞争力，促进价值链由低端向高端跃升的主要途径。

　　2. 关键零部件行业发展的建议

　　产业链升级的核心在于上游零部件行业的发展。然而在经济全球化的背景下，面对外资企业的竞争，本土零部件行业如何突出重围，引领整个产业链的发展。在本书结论处，我们提出以下几点建议：

　　一是注重企业的人才引进和自主研发。近年来，在发动机、变速箱和电子电器等关键零部件行业。企业的研发投入已经超过我国大型的国有汽车企业集团在整车方面的研发投入。2016 年发动机企业、变速箱以及电子电器规模以上企业的平均研发投入分别达到 3.57%、3.4% 和 4.9%，而我国六大整车集团的平均投入为 2.07%。也出现了像万向集团、陕西法士特这样的创新性零部件企业，作为汽车心脏的"发动机"领域，国内企业在技术上实现重要突破，奇瑞、华晨和上汽相继推出具有自主知识产权的发动机。

二是通过海外并购获得先进技术。为了解决本土零部件企业核心技术不足的难题，近年来一些本土企业走上了海外并购的捷径：2019 年 7 月 12 日，北京太平洋世纪汽车签约收购通用旗下全球转向与传动业务 NEXTEER，按照计划，这一收购将在 2019 年第四季度完成。届时，太平洋世纪汽车公司将拥有 NEXTEER 100% 的股权，并获得其全球最先进的转向与传动技术、产业经验和客户资源，从而成为全球顶级转向与传动系统供应商。这是迄今为止中国汽车零部件企业在海外最大的一项收购活动。也是继 2009 年北汽收购萨博整车技术、京西重工收购德尔福制动和悬架业务之后，中国企业再次出手对国际知名汽车零部件企业发起的大型收购。尽管海外并购存在着风险，效果也有待时间的检验，在开放式创新的浪潮下，通过兼并整合全球资源，也是本土零部件企业迅速获得先进技术的一条捷径。

三是通过本土企业的兼并重组和整合，建立实力雄厚的大型零部件企业。当前，我国零部件企业的产业组织结构较整车行业更为零散，企业数量超过万家，不利于企业发挥规模优势进行创新，以及真正有势力的大型企业脱颖而出。政府应该出台企业的退出机制，促进低效率的企业退出。同时出台政策促进企业之间的兼并重组，由此提升这一行业的集中度。

三、关于产业政策的进一步讨论

在通篇的分析中不难发现，整个汽车零部件行业的发展，以及其对整车行业的影响实际和政府的政策选择息息相关，由此带给政府今后产业政策方面的以下几点启示：

第一，政府利用产业政策手段干预产业发展，引导资源有效配置确实是有必要的，特别是在完善的市场经济尚未形成的过渡阶段。开放竞争过程中行业发生的资源配置无效性表明，在完全自由竞争的过程中，光靠市场之手无法完全引导资源的有效流动。2000 年之后大量合资整车企业的进入扩大了我国零部件行业的市场需求，在缺少政府管制的情况下，行业的低进入门槛使得大量的低效率企业进入市场，导致了行业总量绩效的持续下滑。由此看来，在我国市场转轨的过程中，由于市场机制的不完善，市场有效性的保证仍然需要市场和政府之手的协调作用。在零部件企业个体生产率提升的过程中，国产化政策起到的积极作用同样表明产业政策有助于企业或产业效率的提升。诚然，贸易自由化已经成为不可逆转的趋势，国产化政策这类贸易保护主义政策终究不能持续。不过正如我们发现的国产化政策与税收减免政策之间的互补关系的那样，政府仍然可以通过其他政策手段缓解由市场机制失灵带来的外部不经济问题，通过政策工具在不同阶段的有机组合，取长补短，使各产业政策形成合力而保证企业的效率提升。

第二，产业政策不应被过度使用，其制定首先应当以公平为前提，而不应当向特定类型企业倾斜。事实上，我们的研究表明，1998～2007 年外资零部件企业的利润优势就部分来自于政府的明显向外资倾斜的招商引资政策，这使得部分内资企业虽然通过自主研发已经实现了对外资企业的追赶，却仍然无法享受其应该获得的利润水平。就国产化政策而言，与大多数保护政策一样，其负面效应仍存在。不论是从全样本企业来看，还是从内资企业以及非国有企业子样本来看，国产化政策下效率改进的惰性都非常明显。另外，在同时期的税收减免政策下，享受税收减免的企业同样缺乏消化吸收、技术转移或溢出的动力。这说明，本身作为市场机制失灵时的辅助手段，产业政策也不是"万能的良药"，政府一项产业政策出台前后，需要认真考虑如何尽可能地减少保护政策所带来的副作用。一旦受保护企业中出现由于市场竞争压力减轻，降低乃至丧失改进技术、削减成本和改善经营的积极性，那么政府为了将企业拨回产业政策目标的原有轨道上，要么减小政策强度直至取消原有政策，以更加自由的市场竞争刺激企业做大做强，要么"采取一些带有强制性的管制措施，对受保护企业的规模经济水平、技术进步程度做出规定"（夏大慰和史东辉，1995）。

第三，政府在对特定行业或者产业链的特定环节制定产业政策时，同样注意产业政策可能具有的牵一发而动全身的效果。第七章的结论表明，虽然外国汽车制造商受到了整车行业股比政策的限制，在合资企业中看似并不具有主导地位。由于国家对上游零部件企业的股份比例并没有要求，他们仍然通过对上游零部件厂商的控制影响了合资企业的定价行为以及整个市场的竞争结构。这说明，产业政策的制定，如果仅局限在产业链的某个关键环节而忽视了整个产业链的纵向关系，将无法收到预期效果。

参考文献

［1］白让让. 纵向所有权安排与跨国公司的纵向市场圈定——基于轿车产业的模型分析和案例考察［J］. 财经研究，2009（12）：61－72.

［2］白让让. 竞争驱动、政策干预与产能扩张——兼论"潮涌现象"的微观机制［J］. 经济研究，2016（11）：56－69.

［3］白让让，谭诗羽. 研发模式、纵向一体化与自主品牌导入期的创新绩效［J］. 管理科学，2016（4）：70－79.

［4］柏培文. 中国劳动要素配置扭曲程度的测量［J］. 中国工业经济，2012（10）：19－31.

［5］陈光祖. 百奇：在中国的汽车零部件企业［M］. 北京：机械工业出版社，2014.

［6］陈启斐，王晶晶，岳中刚. 研发外包是否会抑制我国制造业自主创新能力［J］. 数量经济技术经济研究，2015（2）：53－69.

［7］储德银，张同斌. 自主研发、技术引进与高新技术产业成长［J］. 科研管理，2013（11）：53－60.

［8］付明卫，叶静怡，孟俣希，雷震. 国产化率保护对自主创新的影响——来自中国风电制造业的证据［J］. 经济研究，2015（2）：118－131.

［9］傅元海，唐未兵，王展祥. FDI 溢出机制、技术进步路径与经济增长绩效［J］. 经济研究，2010（6）：92－104.

［10］胡求光，李平龙，王文瑜，纵向一体化对中国渔业企业绩效的影响

研究，农业经济问题［J］．2015，36（4）：87－93．

［11］江飞涛，李晓萍．直接干预市场与限制竞争：中国产业政策的取向与根本缺陷［J］．中国工业经济，2010（9）：26－36．

［12］江诗松．转型经济中后发企业创新能力的追赶路径：所有权的视角［D］．杭州：浙江大学，2011．

［13］江诗松，龚丽敏，魏江．转型经济中后发企业的创新能力追赶路径：国有企业和民营企业的双城故事［J］．管理世界，2011（12）：96－115．

［14］李晓萍，李平，吕大国，等．经济集聚、选择效应与企业生产率［J］．管理世界，2015（4）：25－37．

［15］李晓钟，张小蒂．中国汽车产业市场结构与市场绩效研究［J］．中国工业经济，2011（3）：129－138．

［16］李平，简泽，江飞涛．进入退出、竞争与中国工业部门的生产率——开放竞争作为一个效率增进过程［J］．数量经济技术经济研究，2012（9）：3－21．

［17］林毅夫，巫和懋，邢亦青．"潮涌现象"与产能过剩的形成机制［J］．经济研究，2010（10）：4－19．

［18］刘冰，马宇．产业政策演变、政策效力与产业发展——基于我国煤炭产业的实证分析［J］．产业经济研究，2008（5）：9－16．

［19］刘小鲁．知识产权保护、自主研发比重与后发国家的技术进步［J］．管理世界，2011（10）：10－19．

［20］路江涌．外商直接投资对内资企业效率的影响和渠道［J］．经济研究，2008（6）：95－106．

［21］卢闯，张伟华，崔程皓．市场环境、产权性质与企业纵向一体化程度［J］．会计研究，2013（7）：50－55．

［22］聂辉华，江艇，杨汝岱．中国工业企业数据库的使用现状和潜在问题［J］．世界经济，2012（5）：142－158．

［23］綦好东，王瑜．农工一体化企业价值链：纵向一体化收益与盈利模式重构——基于A股上市公司的分析［J］．经济管理，2014，36（9）：103－109．

[24] 任曙明，张静. 补贴、寻租成本与加成率——基于中国装备制造企业的实证研究[J]. 管理世界，2013（10）：118-129.

[25] 宋宝香，彭纪生，王玮. 外部技术获取对本土企业技术能力的提升研究[J]. 科研管理，2011（7）：85-95.

[26] 谭诗羽，白让让. 外部研发、一体化生产与自主品牌动态绩效——来自中国乘用车行业的证据[J]. 管理评论，2018，30（6）：55-69.

[27] 谭诗羽，吴万宗，夏大慰. 国产化政策与全要素生产率[J]. 财经研究，2017，43（4）：91-106.

[28] 陶锋. 吸收能力、价值链类型与创新绩效——基于国际代工联盟知识溢出的视角[J]. 中国工业经济，2011（1）：140-150.

[29] 万兴，杨晶. 互联网平台选择、纵向一体化与企业绩效[J]. 中国工业经济，2017（7）：156-174.

[30] 王斌，王乐锦. 纵向一体化、行业异质性与企业盈利能力——基于中加澳林工上市公司的比较分析[J]. 会计研究，2016（4）：70-76.

[31] 王皓，周黎安. 中国轿车行业的合谋与价格战[J]. 金融研究，2007（2）：156-165.

[32] 王宛秋，聂雨薇. 纵向一体化、市场化程度差异与并购绩效[J]. 国际商务（对外经济贸易大学学报），2016（3）：150-160.

[33] 吴延兵. 自主研发、技术引进与生产率——基于中国地区工业的实证研究[J]. 经济研究，2008（8）：51-64.

[34] 夏大慰，史东辉. 产业政策论[M]. 上海：复旦大学出版社，1995.

[35] 夏大慰，罗云辉. 地方保护与过度竞争的形成——以分工与交易费用的关系为线索的解释[J]. 东南学术，2003（5）：52-58.

[36] 肖俊极，谭诗羽. 中国乘用车行业的纵向一体化与横向共谋实证分析[J]. 经济学（季刊），2016，15（4）：1387-1407.

[37] 杨红丽，陈钊. 外商直接投资水平溢出的间接机制：基于上游供应商的研究[J]. 世界经济，2015（3）：123-144.

[38] 杨汝岱. 中国制造业企业全要素生产率研究[J]. 经济研究，2015

（2）：61 - 74.

[39] 叶福恒，庄继德，庄蔚敏. 汽车产业链完善与发展[M].北京：机械工业出版社，2013.

[40] 叶静怡，付明卫，曹和平. 国产化率保护研究述评[J].云南财经大学学报，2012（4）：34 - 40.

[41] 尹栾玉. 中国汽车产业政策的历史变迁及绩效分析[J].学习与探索，2010（4）：167 - 168.

[42] 余林徽，陆毅，路江涌. 解构经济制度对我国企业生产率的影响[J].经济学（季刊），2014（1）：127 - 150.

[43] 张大蒙，李美桂. 政策工具视角：中国汽车产业政策的主要问题与对策研究[J].工业技术经济，2015（1）：3 - 11.

[44] 周恩德，杜小艳. 汽车零部件贸易理论与案例分析[M].合肥：合肥工业大学出版社，2013.

[45] Ackerberg D. A. , Caves K. , Frazer G. Identification Properties of Recent Production Function Estimators [J]. Econometrica, 2015, 83（6）：2411 - 2451.

[46] Adner R. , Kapoor R. Value Creation in Innovation Ecosystems：How the Structure of Technological Interdependence Affects Firm Performance in New Technology Generations [J]. Strategic Management Journal, 2010, 31（3）：306 - 333.

[47] Aghion P. , Cai J. , Dewatripont M. , Du L. S. , Harrison A. , Legros P. Industrial Policy and Competition [J]. American Economic Journal：Macroeconomics, 2015, 7（4）：1 - 32.

[48] Allain M. , Chambolle C. and Rey P. Vertical Integration, Innovation and Foreclosure. Vertical Integration, Innovation and Foreclosure [R]. Center for Research in Economics and Statistics Working Papers, 2011.

[49] Arrow, Kenneth J. The Limits of Organization [M] . New York：W. W. Norton, 1974.

[50] Atkinson A. C. , A Method for Discriminating Between Models [J]. Jour-

nal of the Royal Statistical Society, Series B (Methodological), 1970, 32 (3): 323 – 353.

[51] Aw B. Y., Roberts M. J., Xu D. Y. R&D Investments, Exporting, and the Evolution of Firm Productivity [J]. American Economic Review, 2008, 98 (2): 451 – 456.

[52] Barney J. Firm Resources and Sustained Competitive Advantage [J]. Journal of Management, 1991, 17 (1): 99 – 120.

[53] Bernheim B. D. and Whinston M. D. Common Marketing Agency as a Device for Facilitating Collusion [J]. The RAND Journal of Economics, 1985, 16 (2): 269 – 281.

[54] Bernini C., Pellegrini G. How Are Growth and Productivity in Private Firms Affected by Public Subsidy? Evidence from A Regional Policy [J]. Regional Science and Urban Economics, 2011, 41 (3): 253 – 265.

[55] Berry S., Levinsohn J., Pakes A. Automobile Prices in Market Equilibrium [J]. Econometrica, 1995, 63 (4): 841 – 890.

[56] Bertrand O., Mol M. J. The Antecedents and Innovation Effects of Domestic and Offshore R&D Outsourcing: The Contingent Impact of Cognitive Distance and Absorptive Capacity [J]. Strategic Management Journal, 2013, 34 (6): 751 – 760.

[57] Biesebroeck J. V. Complementarities in Automobile Production [J]. Journal of Applied Econometrics, 2007, 22 (7): 1315 – 1345.

[58] Bloom N., Van Reenen J. Measuring and Explaining Management Practices Across Firms and Countries [J]. The Quarterly Journal of Economics, 2007, 122 (4): 1351 – 1408.

[59] Blundell R., Bond S. GMM Estimation with Persistent Panel Data: An Application to Production Functions [J]. Econometric Reviews, 2000, 19 (3): 321 – 340.

[60] Bonnet C., Dubois P. Inference on Vertical Contracts between Manufac-

turers and Retailers Allowing for Nonlinear Pricing and Resale Price Maintenance [J]. The RAND Journal of Economics, 2010, 41 (1): 139 – 164.

[61] Brandt, L., Biesebroeck J. V., Zhang Y. F. Creative Accounting or Creative Destruction? Firm – Level Productivity Growth in Chinese Manufacturing [J]. Journal of Development Economics, 2012, 97 (2): 339 – 351.

[62] Chen Y., Sappington D. E. M. Innovation in Vertically Related Markets [J]. Journal of Industrial Economics, 2010 (58): 373 – 401.

[63] Chesbrough H. The Logic of Open Innovation: Managing Intellectual Property [J]. California Management Review, 2003, 45 (3): 33 – 58.

[64] Chesbrough H. R., Teece D. J. Organizing for innovation [J]. Harvard Business Review, 1996, 74 (1): 65 – 73.

[65] Cohen W. M., Levinthal D. A. Absorptive Capacity: A New Perspective on Learning and Innovation [J]. Administrative Science Quarterly, 1990, 35 (1): 128 – 152.

[66] Copeland A. Intertemporal Substitution and New Car Purchases [J]. The RAND Journal of Economics, 2014, 45 (3): 624 – 644.

[67] Corts K. S. The Strategic Effects of Vertical Market Structure: Common Agency and Divisionalization in the US Motion Picture Industry [J]. Journal of Economics & Management Strategy, 2001, 10 (4): 509 – 528.

[68] David G., Rawley E., Polsky D. Integration and Task Allocation: Evidence from Patient Care [J]. Journal of Economics & Management Strategy. 2013, 22 (3): 617 – 639.

[69] Davies R. B., C. J. Ellis. Competition in Taxes and Performance Requirements for Foreign Direct Investment [J]. European Economic Review, 2007, 51 (6): 1423 – 1442.

[70] De Loecker J. Product Differentiation, Multiproduct Firms, and Estimating The Impact of Trade Liberalization on Productivity [J]. Econometrica, 2011, 79 (5): 1407 – 1451.

[71] De Loecker J. , Goldberg P. K. Firm Performance in a Global Market [J]. Annual Review of Economics, 2014 (6): 201 – 227.

[72] De Loecker J. , Warzynski F. Markups and Firm – Level Export Status [J]. The American Economic Review, 2012, 102 (6): 2437 – 2471.

[73] Doraszelski U. , Jaumandreu J. R&D and Productivity: Estimating Endogenous Productivity [J]. The Review of Economic Studies, 2013, 80 (4): 1338 – 1383.

[74] Du L. S. , Harrison A. , Jefferson G. FDI Spillovers and Industrial Policy: The Role of Tariffs and Tax Holidays [J]. World Development, 2014, (64): 366 – 383.

[75] Fan J. P. H. , Huang J. , Morck R. , Yeung B. , Institutional Determinants of Vertical Integration in China [J]. Journal of Corporate Finance , 2017 (44): 524 – 539.

[76] Forbes S. J. , Lederman M. Does Vertical Integration Affect Firm Performance? Evidence from the Airline Industry [J]. The RAND Journal of Economics, 2010, 41 (4): 765 – 790.

[77] Foster L. , Haltiwanger J. , Krizan C. J. Market Selection, Reallocation, and Restructuring in the U. S. Retail Trade Sector in the 1990s [J]. Review of Economics and Statistics, 2006, 88 (4): 748 – 758.

[78] Gao G. Y. , Yigang P. Tse D. K. et al. Market Share Performance of Foreign and Domestic Brands in China [J]. Journal of International Marketing, 2006, 14 (2): 32 – 51.

[79] Garcia S. , Moreaux, M. , Reynaud A. Measuring Economies of Vertical Integration in Network Industries: An Application to the Water Sector [J]. International Journal of Industrial Organization, 2007, 25 (4): 791 – 820.

[80] Gowrisankarn G. , Rysman M. Dynamics of Consumer Demand for New Durable Goods [J]. Journal of Political Economy, 2012, 120 (6): 1173 – 1219.

[81] Grimpe C. , Kaiser U. Balancing Internal and External Knowledge Acqui-

sition: The Gains and Pains from R&D Outsourcing [J]. Journal of Management Studies, 2010, 47 (8): 1483 – 1509.

[82] Hall R. E., Blanchard O. J., Hubbard R. G. Market Structure and Macroeconomic Fluctuations [J]. Brookings Papers on Economic Activity, 1986 (2): 285 – 338.

[83] Harris R., Robinson C. Industrial Policy in Great Britain and Its Effect on Total Factor Productivity in Manufacturing Plants, 1990 – 1998 [J]. Scottish Journal of Political Economy, 2004, 51 (4): 528 – 543.

[84] Haskel J. E., Pereira S. C., Slaughter M. J. Does Inward Foreign Direct Investment Boost the Productivity of Domestic Firms? [J]. Review of Economics and Statistics, 2007, 89 (3): 482 – 496.

[85] Heavner D. L. Vertical Enclosure: Vertical Integration and the Reluctance to Purchase from a Competitor [J]. The Journal of Industrial Economics, 2004, 52 (2): 179 – 199.

[86] Heeb R., Innovation and Vertical Integration in Complementary Markets [J]. Journal of Economics & Management Strategy, 2003 (12): 387 – 417.

[87] Hendel I., Nevo A. Measuring the Implications of Sales and Consumer Inventory Behavior [J]. Econometrica, 2002, 76 (6): 1637 – 1673.

[88] Hsuan J. Mahnke V. Outsourcing R&D: A Review, Model, and Research Agenda [J]. R & D Management, 2011, 41 (1): 1 – 7.

[89] Hu W., Xiao J., Zhou X. Collusion or Competition? Inter – firm Relationships in the Chinese Auto Industry [J]. The Journal of Industrial Economics, 2014, 62 (1): 1 – 40.

[90] Jabbour L., Mucchielli J. L. Technology Transfer Through Vertical Linkages: The Case of the Spanish Manufacturing Industry [J]. Journal of Applied Economics, 2007, 10 (1): 115 – 136.

[91] Javorcik B. S., Spatareanu M. To Share or Not to Share: Does Local Participation Matter for Spillovers from Foreign Direct Investment? [J]. Journal of

Development Economics, 2008, 85 (1 - 2): 194 - 217.

[92] Javorcik B. S. Does Foreign Direct Investment Increase the Productivity of Domestic Firms? In Search of Spillovers through Backward Linkages [J]. American Economic Review, 2004, 94 (3): 605 - 627.

[93] Jiang B., Belohlav J. A., Young S. T. Outsourcing Impact on Manufacturing Firms' Value: Evidence from Japan [J]. Journal of Operations Management, 2007, 25 (4): 885 - 900.

[94] Jin G. Z., Leslie P. Reputational Incentives for Restaurant Hygiene [J]. American Economic Journal: Microeconomics, 2009, 1 (1): 237 - 267.

[95] Klier T., Linn J. New - vehicle Characteristics and the Cost of the Corporate Average Fuel Economy Standard [J]. The RAND Journal of Economics, 2012, 43 (1): 186 - 213.

[96] Kapoor R., Adner R. What Firms Make vs. What They Know: How Firms' Production and Knowledge Boundaries Affect Competitive Advantage in the Face of Technological Change [J]. Organization Science, 2012, 23 (5): 1227 - 1248.

[97] Kiyota K., Okazaki T. Industrial Policy Cuts Two Ways: Evidence from Cotton - Spinning Firms in Japan, 1956 - 1964 [J]. Journal of Law and Economics, 2010, 53 (3): 587 - 609.

[98] Konings J. The Effects of Foreign Direct Investment on Domestic Firms [J]. Economics of Transition, 2001, 9 (3): 619 - 633.

[99] Li X., Liu X. and Wang Y. A Model of China's State Capitalism [R]. SSRN Working Paper, 2015.

[100] Levinsohn J., Petrin A. Estimating Production Functions Using Inputs to Control for Unobservables [J]. The Review of Economic Studies, 2003, 70 (2): 317 - 341.

[101] Levitt S. D., List J. A., Syverson C. How does Learning by Doing Happen? [R]. Working Paper, University of Chicago, 2011.

[102] Lieberman M. B. , Dhawan R. Assessing the Resource Base of Japanese and U. S. Auto Producers: A Stochastic Frontier Production Function Approach [J]. Management Science, 2005, 51 (7): 1060 – 1075.

[103] Lu Y. , Yu L. Trade Liberalization and Markup Dispersion: Evidence from China's WTO Accession [J]. American Economic Journal: Applied Economics, 2015, 7 (4): 221 – 253.

[104] Majumdar S. K. The Impact of Size and Age on Firm – Level Performance: Some Evidence from India [J]. Review of Industrial Organization, 1997, 12 (2): 231 – 244.

[105] Marschak J. , Andrews W. H. Random Simultaneous Equations and the Theory of Production [J]. Econometrica, 1945, 13 (1): 91.

[106] Matsushima N. Vertical Mergers and Product Differentiation [J]. Journal of Industrial Economics, 2009, 57 (4): 812 – 834.

[107] Mundlak Y. Empirical Production Function Free of Management Bias [J]. Journal of Farm Economics, 1961, 43 (1): 44 – 56.

[108] Mussa M. L. The Economics of Content Protection [R] . NBER Working Paper, 1984.

[109] Natividad G. Integration and Productivity: Satellite – Tracked Evidence [J]. Management Science, 2014, 60 (7): 1698 – 1718.

[110] Nevo A. Measuring Market Power in the Ready – to – Eat Cereal Industry [J]. Econometrica, 2001, 69 (2): 307 – 342.

[111] Nieto M. J. , Rodríguez A. Offshoring of R&D: Looking Abroad to Improve Innovation Performance [J]. Journal of International Business Studies, 2011, 42 (3): 345 – 361.

[112] Novak S. and Stern S. Complementarity Among Vertical Integration Decisions: Evidence from Automobile Product Development [J]. Management Science, 2009, 55 (2): 311 – 332.

[113] Novak S. , Stern S. How Does Outsourcing Affect Performance Dynam-

ics? Evidence from the Automobile Industry [J]. Management Science, 2008, 54 (12): 1963 – 1979.

[114] Olley G. S. , Pakes A. The Dynamics of Productivity in the Telecommunications Equipment Industry [J]. Econometrica, 1996, 64 (6) : 1263 – 1297.

[115] Park J. , Ro Y. K. The Impact of a Firm's Make, Pseudo – Make, or Buy Strategy on Product Performance [J]. Journal of Operations Management, 2011, 29 (4): 289 – 304.

[116] Perry, Martin. Chapter 4 – Vertical Integration: Determinants and Effects [A] //In Handbook of Industrial Organization. Schmalensee R. and Willig R. Eds [M] . Amsterdam: North – Holland, 1989: 183 – 255.

[117] Pieri F. , Zaninotto E. Vertical Integration and Efficiency: An Application to the Italian Machine Tool Industry [J]. Small Business Economics, 2011, 40 (2): 397 – 416.

[118] Pearson M. H. , M. Weeks, Nonnested Hypothesis Testing: An Overview, A Companion to Theoretical Econometrics [M]. Wiley – Blackwell, 1999.

[119] Quinn J. B. Outsourcing Innovation: The New Engine of Growth [J]. Sloan Management Review, 2000, 41 (4): 13 – 28.

[120] Quinn J. B. , Doorley T. L. , Paquette P. C. Technology in Services – Rethinking Strategic Focus [J]. Sloan Management Review, 1990, 31 (2): 79 – 87.

[121] Rothaermel F. T. , Hitt M. A. , Jobe L. A. Balancing Vertical Integration and Strategic Outsourcing: Effects on Product Portfolio, Product Success, and Firm Performance [J]. Strategic Management Journal, 2006, 27 (11): 1033 – 1056.

[122] Rivers D. and Vuong Q. Model Selection Tests for Nonlinear Dynamic Models [J]. Econometrics Journal, 2002, 5 (1): 1 – 39.

[123] Schmitz Jr. J. A. What Determines Productivity? Lessons from the Dramatic Recovery of the U. S. and Canadian Iron Ore Industries Following Their Early 1980s Crisis [J]. Journal of Political Economy, 2005, 113 (3): 582 – 625.

[124] Smith R. J. Non – Nested Tests for Competing Models Estimated by Generalized Method of Moments [J]. Econometrica, 1992, 60 (4): 973 – 980.

[125] Syverson C. Prices, Spatial Competition and Heterogeneous Producers: An Empirical Test [J]. The Journal of Industrial Economics, 2007, 55 (2): 197 – 222.

[126] Teece D. J. Chapter 16 – Technological Innovation and the Theory of the Firm: The Role of Enterprise – Level Knowledge, Complementarities, and (Dynamic) Capabilities [C]. in Handbook of the Economics of Innovation, HALL, B. H. & ROSENBERG, N. (Ed.), North – Holland, 2010: 679 – 730.

[127] Teece D. J. Profiting from Technological Innovation: Implications for Integration, Collaboration, Licensing and Public Policy [J]. Research Policy, 1986, 15 (6): 285 – 305.

[128] Tirole J. The theory of Industrial Organization [M]. MA: MIT Press, 1988.

[129] Vousden N. Content Protection and Tariffs under Monopoly and Competition [J]. Journal of International Economics, 1987, 23 (3) : 263 – 282.

[130] Williamson O. E. Economic Institutions of Capitalism [M]. New York: Free Press, 1985.

[131] Yeaple S. R. The Role of Skill Endowments in the Structure of U. S. Outward Foreign Direct Investment [J]. Review of Economics and Statistics, 2003, 85 (3): 726 – 734.

[132] Zanchettin P. , Mukherjee A. Vertical Integration and Product Differentiation [J]. International Journal of Industrial Organization, 2017 (55): 25 – 57.

后　记

　　本书是作者在攻读复旦大学产业经济系期间撰写的博士毕业论文的基础上整理而成。全书的大部分内容已经在国内期刊上发表。中美贸易战自 2018 年以来持续发酵，再次将包括芯片产业在内的本土上游核心零部件行业推向风口浪尖，在这一契机下，作者在此将本书的内容整理出版。希望本书的内容能从微观的视角，引起学界和业界对上游零部件行业发展的重视。

　　在本书出版之际，作者再次感谢博士求学期间和博士论文完成过程中给予帮助的导师——上海国家会计学院夏大慰教授，复旦大学管理学院白让让副教授，悉尼科技大学肖俊极副教授和美国德雷赛尔大学戴冕副教授。同时感谢江西财经大学产业经济研究院的所有同事和院领导，感谢他们两年以来的关心和帮助。最后特别感谢江西财经大学产业经济研究院学科建设经费对本书出版的资助。